Marianne von Wolffersdorff

Schloss Promnitz

Die Geschichte von Schloss Promnitz und seiner Geschlechter bis 1945

DONATUS

„Riessa im Meisnischen Kreis", Karte von Adam Friedrich Zürner, 1733.

Wohl dem, der seiner Väter gern gedenkt,
der ihrem Wesen nachforscht, ihren Sitten,
der Wege wandelt, die sie einst geschritten,
zu ihnen rückwärts die Gedanken lenkt.
Dem die Geschichte seines Heimatlandes
das schönste, wissenswerteste erscheint,
der nie vergißt des wundersamen Bandes,
das ihn mit jenem inniglich vereint.

Johann Wolfgang von Goethe

Bibliografische Information der Deutschen Nationalbibliothek:
Die Deutsche Nationalbibliothek verzeichnet diese Publikation in der Deutschen Nationalbibliografie; detaillierte bibliografische Daten sind im Internet über www.dnb.de abrufbar.

Impressum

Gestaltung: Donatus-Verlag
Auflage: 2. Auflage
Verlag: Donatus-Verlag, Niederjahna
Herstellung: Books on demand, BOD Norderstedt
ISBN: **978-3-946710-03-5**

Inhaltsverzeichnis

Momentaner Zustand von Schloss Promnitz, im Hintergrund die Elbe und Riesa, 2017.

Geleitworte

Die Gemeinde Zeithain begrüßt die neueste Arbeit von Frau Marianne von Wolffersdorff, die mit viel Energie und Ausdauer die Historie des Ortes und des ehemaligen Rittergutes Promnitz erforscht und in eine Chronologie gebracht hat. Dabei ist es ihr gelungen, mit urkundlich belegten Daten, die Gutsgeschichte mit den jeweiligen Besitzerfamilien zu dokumentieren und lebendig werden zu lassen. So ist ein spannendes und gut verständliches Buch entstanden, das den Menschen in dieser Gegend die Geschichte ihrer Heimat wieder näher bringt. Die Familie von Wolffersdorff ist seit langem bemüht, die im Verfall befindlichen Schlossgebäude von Promnitz zu erwerben, um eine Rettung der jahrhundertealten Gutsanlage einzuleiten. Dass ihr die Rettung des Schlosses als wertvolles Kulturgut der Region möglichst bald gelingen möge, ist auch der dringlichste Wunsch der Gemeinde.

Ralf Hänsel
Landrat & ehemaliger Bürgermeister der Gemeinde Zeithain

Steht man am Ufer der Elbe zu Füßen des ehemaligen Klosters zu Riesa, in dem heute die Stadtverwaltung ihren Platz hat, schaut man direkt auf das gegenüber liegende Schloss Promnitz. Ein gewohnter Anblick seit langer Zeit. Im Jahre 1730 spielte sich dort mit dem berühmten Zeithainer Lager Augusts des Starken große Geschichte ab. Die Truppenschau endete mit einem beeindruckenden Feuerwerk über der Elbe, das die damaligen Einwohner von Riesa bewundern und bestaunen konnten. Auch später gingen dort die Lichter nicht aus. Seit Jahrhunderten vermittelten am Abend die erleuchteten Fenster des Schlosses einen vertrauten Anblick. Promnitz, wenngleich nie zu Riesa gehörig, ist ein markanter Punkt in der Ufersilhouette der Elbe. Es gehört zum Bild, dass wir mit dem Gedanken an Heimat verbinden. Leider hat sich dieses Bild grundlegend geändert. Das seit 2002 unbewohnte Schloss wirkt heute trostlos und dunkel, und der Verfall wird von den Menschen in Riesa seit Jahren mit großer Sorge beobachtet. In vielen Gesprächen mit den Bürgerinnen und Bürgern unserer Stadt spüre ich den Wunsch nach einer tragfähigen Lösung für das Schloss. Die Stadt Riesa wird im Rahmen ihrer Möglichkeiten gern helfen, dass Promnitz wieder eine Zukunft erhält. Ich danke allen, die ehrlichen Herzens dafür kämpfen.

Gerti Töpfer
Ehemalige Oberbürgermeisterin der Stadt Riesa

Schloss Promnitz ist ein bemerkenswerter Herrensitz. Die im 17. und 18. Jahrhundert erbaute Dreiflügelanlage setzt die Reihe der Burgen und Schlösser fort, die den Lauf der Elbe begleiten. Die Bausubstanz spiegelt die wechselvolle Entwicklung des sächsischen Elblandes wider. Zahlreiche Familien adliger und bürgerlicher Herkunft prägten Promnitz, darunter die Familie von Wolffersdorff, die das Rittergut von 1717 und 1731 in Besitz hatte. Das Jahr 1945 brachte mit der Enteignung der Familie Rudolph und der Durchführung der Bodenreform einen erheblichen Einschnitt. Leider setzte sich der Niedergang von Promnitz auch nach dem Ende der DDR fort. Der fortschreitende Verfall ließ befürchten, dass von Schloss Promnitz bald nur noch eine Ruine übrig bleiben würde. Hoffen wir, dass in letzter Sekunde eine Rettung möglich ist.
Ich danke der Familie von Wolffersdorff, dass sie die Initiative zur Rettung des Schlosses ergriffen und die Schloss Promnitz Verwaltung gemeinnützige GmbH gegründet hat. Bitte helfen auch Sie bei der Bewahrung eines wichtigen sächsischen Geschichtsdenkmals mit.

Dr. Matthias Donath
Vorsitzender des Freundeskreises Schlösserland Sachsen

Hofseite von Schloss Promnitz, um 1914.

„Erinnerungen sind nötig, weil wir sonst die Gegenwart nicht verstehen."

Vorwort

Als mein Mann und ich mit unseren Kindern das erste Mal vor dem Schlossgebäude Promnitz standen, es war im Jahre 2012, lag es schon seit langem ohne Leben, ganz einsam und verlassen da, wie vergessen von aller Welt. Düster und grau, ohne jegliche Farbe schien es uns mit seinen leeren Fensterhöhlen klagend anzusehen. Das seit Jahren den rechten Schlossflügel einzwängende Gerüst reichte bis zur Turmspitze hinauf und zerstörte das Aussehen der symmetrischen Architektur. Unrat überall und wildes Buschwerk überwucherte den gesamten Schlosshof, Brennnesseln und Unkraut wuchsen in allen Spalten der breiten Sandsteintreppe hinauf bis zur Eingangstür. – Nein, ein prächtiges goldenes Märchenschloss war und ist es bis jetzt nicht. Und doch zog es uns mit seinem maroden Zauber von Anfang an in seinen Bann. Denn hier sind auch unsere Wurzeln, hier lebte der Vorfahre Friedrich Albrecht von Wolffersdorff von dem seit sieben Generationen unsere Linie in direkter Folge abstammt. Promnitz, das er 1728 von einem Renaissance- in ein Barockschloss umbaute, stand unverändert vor uns, aber der Zustand war trostlos und der Anblick traurig.
Auf Anfragen erfuhren wir, dass der Käufer aus dem Westen, der die Schlossanlage nach der Wende von der Treuhand erwarb, diese aus Altersgründen wieder abstoßen wolle. Die Verkaufsverhandlungen entwickelten sich schwierig und ziehen sich hin. Trotzdem übernahmen wir mit seinem Wissen die Obhut, denn wir konnten einfach nicht tatenlos zuschauen, wie durch offene Fenster, Dachlücken und Risse weiterhin die Nässe zerstörerisch in die Gebäudeteile eindrang. Sich sofort darum zu kümmern, bedeutete Rettung in letzter Minute, denn der Verfall war schon sehr weit fortgeschritten, die Schäden sind bis heute immens. So galt es zunächst einmal draußen wie drinnen aufzuräumen, denn bei der ersten Besichtigung waren alle Räume voll von Schutt, Glasscherben, Abfall und alten, zerbrochenen Möbeln. Zudem ist auch Vandalismus durch mutwillige Zerstörung besonders an den noch vorhandenen alten Kachelöfen zu erkennen und aus dem scheinbar herrenlosen Gebäude wurde vieles abmontiert und gestohlen. So fehlen beispielsweise sämtliche historische Türklinken. Sollte uns das alles mutlos machen? Im Gegenteil!
Aus dem früheren Freundeskreis Promnitz entwickelte sich im Jahre 2013 mit uns die Bürgerinitiative, deren Mitglieder den desolaten Zustand der Gebäude mit der gleichen Sorge beobachtet hatten, wie wir. Damit hier etwas geschieht,

Schloss Promnitz im maroden Zustand von der Elbseite, 2017.

wurde am 28. März 2014 der Kultur- und Schlossverein gegründet, der Leben ins Schloss und seine Nebengebäude zurückgebracht hat. Zum Erwerb des Schlosses wurde die Schloss Promnitz Verwaltung gemeinnützige GmbH gegründet, die nun Eigentümerin des Schlosses ist und die Sanierung weiter vorantreibt. Die Schlossräume sind inzwischen als provisorisches Museum im Stil verschiedener Epochen eingerichtet und durch Führungen zu besichtigen. Der eingebrochene Saal und der darüber liegende offene Erker wurden mit Hilfe des Denkmalschutzes in Form einer Notsicherung gerade wieder hergestellt. Für Konzerte, Kleinkunst und Feste soll der Saal später genutzt werden.

Eingebunden in die Veranstaltungen ist bereits der historische Kuhstall mit seinem prächtigen Säulengang. Hier haben schon Konzerte und Lesungen stattgefunden. Besonders stimmungsvoll sind in diesem Gewölbe die alljährlichen Adventsmärkte mit vielen verschiedenen Verkaufsständen, vorweihnachtlicher Musik und mit selbst hergestellten Köstlichkeiten.

So ist Schloss Promnitz mit seiner reichen sächsischen Geschichte ein öffentlicher Ort geworden, um sich als wertvolles Kulturgut dieser Gegend erhalten und tragen zu können. Denn es gibt Verbindungen zu August dem Starken, der mit seinen fürstlichen und königlichen Gästen während des Zeithainer Lagers in diesem Schloss weilte. Damit die Überlieferungen nicht verloren gehen, ist diese Arbeit entstanden.

Als langjährige Familiengenealogin und Autorin einer Romanedition mit historischen Ereignissen von weiteren Rittergütern der Familie von Wolffersdorff haben mich besonders die Menschen auf Promnitz interessiert, die in den vielen Jahrhunderten hier gelebt haben. Denn ihre Geschichten und Schicksale sind in allen Räumen geradezu noch spürbar. So begann ich nach fünfjähriger Forschungsarbeit in diesem Buch alle Geschlechter wieder „auferstehen" zu lassen. Das war nur möglich, indem ich zahlreiche Hinweise, Berichte und Eintragungen aus der Literatur sammeln konnte, wobei von vielen Seiten Hilfe kam, für die ich mich an dieser Stelle ganz besonders bedanken möchte! Ob Kopien aus alten Kirchenbüchern, Leichenpredigten, Chroniken, Lebensläufe, Urkunden, Bücher oder bereitgestellte historische Fotos, die das Leben der letzten Besitzerfamilie auf dem Gut vor der Enteignung 1945 zeigen – alle diese Unterlagen ergaben von vielen der im Buch beschriebenen Menschen ein Lebensbild. Dabei wird deutlich, wie viel schwieriger und dramatischer das Leben in früheren Zeiten gewesen ist. So wurden die alten Gemäuer von Promnitz in den vergangenen Jahrhunderten stumme Zeugen von Glück und Trauer, von Krieg und Frieden, von Hoffnung und Verzweiflung. Damit diese uralten Mauern erhalten werden können, eine Rettung und Sanierung weiterhin gelingen soll, bedarf es der Hilfe, Intuitionen und Tatkraft vieler Menschen, aber besonders Spenden und finanzielle Zuwendungen sind lebensnotwenig. Nur durch gemeinsames Handeln kann Schloss Promnitz seine alte Schönheit und Würde zurückgegeben werden. Deshalb wird ein Teil der Erlöse aus dem Buchverkauf direkt für die Sanierungsarbeiten auf Schloss Promnitz verwendet werden.

Die in diesem Werk erarbeitete Historie von Promnitz wird mit Sicherheit noch manche Ergänzung oder Richtigstellung erfahren, denn Forschung lebt durch immer neue Entdeckungen, Erkenntnisse und Entschlüsselungen von Geheimnissen und Legenden. Für die Geschichte des Schlosses nach 1945 ist eine weitere Publikation geplant. Den derzeitigen Wissensstand für die nächsten Generationen zu bewahren und reflektiert weiterzugeben, soll Sinn dieses Buches sein.

Marianne von Wolffersdorff

Die Anfänge von Promnitz – eine Fischersiedlung

In alten Chroniken wird Promnitz als „merkwürdiger“ Ort bezeichnet. Er entstand als kleine slawische Fischersiedlung direkt an der Elbe, wo wahrscheinlich bereits einer der Burgwarde stand, die im 10. und 11. Jahrhundert entlang der Elbe im Zuge der Christianisierung der Slawen durch König Heinrich II. (973–1024) erbaut worden waren. Der Namensbestandteil „prom“ entstammt dem Altsorbischen und bedeutet „Fähre“, damit heißt Promnitz übersetzt „Fährort“. Die Fähre ist seit dem Jahre 1197 urkundlich erwähnt und diente viele Jahrhunderte als wichtige Verbindung der beiden Elbseiten. 1234 kam sie in den Besitz des gegenüberliegenden Klosters Riesa, dessen Besitzungen in der Bestätigungsurkunde vom 30. August 1234 aufgelistet wurden. Darunter fiel die von Probst Alexander kurz zuvor für zwölf Mark Silber gekaufte Fähre mit der Bedingung, dass zwischen Riesa und Strehla keine weitere betrieben werden dürfe. Dadurch wurde die Fährverbindung für das Kloster und später für das Rittergut Promnitz eine ergiebige Einnahmequelle.

1324 gab es zwei Vorwerke (Wirtschaftshöfe) in Promnitz. Eines gehörte zum Kloster Riesa und war von diesem nur über die Elbe zu erreichen. Die Fähre sicherte die Versorgung des Klosters mit dem, was das Vorwerk erwirtschaftete. Dadurch war die Fähre geradezu lebensnotwendig. Das klösterliche Vorwerk am oberen Elbufer nannte man „Klein-Promnitz“ oder „Ober-Promnitz“.

Promnitz im 19. Jahrhundert mit Badeanstalt an der Elbe, Postkarte.

Die seit 1197 bestehende Fähre von Promnitz, Postkarte um 1920.

Für das zweite Vorwerk am unteren Elbufer war die Bezeichnung „Groß-Promnitz" oder „Nieder-Promnitz" gebräuchlich, und es gehörte zum Rittersitz auf dem das Adelsgeschlecht derer zu Promnitz saß.
Auf Grund der Lage direkt an der Elbe war Promnitz in all den Jahrhunderten durch Überschwemmungen und Eisfahrten betroffen. Oft war der Ort durch die Fluten und Eismassen wochenlang von jeder Verbindung abgeschnitten oder nur sehr schwer zugänglich. Der elbseitige Deich schützte vor kleineren Hochwassern, wurde aber bei den sogenannten „Jahrhunderthochwassern" auch überschwemmt und bot keinen Schutz mehr. Der Fluss brachte somit Fluch und Segen über Promnitz.
Im Jahre 1324 wurde erstmals eine „Taberne" (Vorläufer eines Wirtshauses) in Promnitz urkundlich erwähnt. Bis heute steht ein Gasthaus an gleicher Stelle, welches damit zu den ältesten Gastwirtschaften Sachsens zählen dürfte.

Kloster Riesa und Vorwerk Promnitz

Als Promnitz erstmalig mit dem Geschlecht von Promnitz genannt wurde, hatte der Naumburger Bischof Dietrich I. (gest. 1123) das Kloster Riesa bereits gegründet, das aus einer kleinen Hofanlage entstanden war und von Papst Calixtus II. durch eine Urkunde im Jahre 1119 bestätigt wurde. Zunächst lebten dort Benediktiner-Mönche. Von 1170 bis 1207 bewohnten es Augustiner-Chorherren. Anschließend wurden im Kloster Benediktinerinnen-Nonnen untergebracht, die bis 1222 mit den Mönchen zusammen das Kloster als Doppelkloster nutzen. Die Nonnen entstammten ausschließlich adeligen Familien und waren an verschiedenen Einkünften des Klosters beteiligt.

Durch die schon im Jahre 1197 urkundlich genannte Fähre gründeten die Nonnen vom Kloster Riesa auf der anderen Seite der Elbe in Promnitz ein Klostervorwerk, da dort die Böden sehr fruchtbar waren. Dieses wurde damit zu einem Außenposten, wo Laienbrüder oder Schwestern für ihre eigene sowie für die Versorgung des Klosters wirtschafteten. Laienbrüder lebten von den Mitgliedern des Konvent getrennt, verrichteten die Feld- und Bauarbeit, waren Gärtner, Weinbauern, versorgten die Nutztiere und stellten die Köche. Aufgrund ihrer Arbeit hatten sie geringere Gebetsverpflichtungen. Es gab aber auch Mönche, die unter ihnen lebten und noch keine Priester waren, doch schon voll in den Mönchskonvent integriert wurden.

Das Kloster Riesa um 1200, Zeichnung von Fritz Rauda.

Die nebeneinander liegenden Felder und Wiesen der beiden Vorwerke wurden in friedlicher Nachbarschaft bewirtschaftet, bis sie 1519 Gottlob von Köckeritz vereinigte. Im Jahre 1243 fiel das gesamte Kloster Riesa einschließlich Bethaus einem Brand zum Opfer.
Eine Legende, die in der späteren Besitzerfamilie Rudolph von einer Generation zur nächsten weitergegeben wurde, stammt aus jener frühen Zeit: Als Mönche und Nonnen für eine Weile das Kloster gemeinsam nutzten und Promnitz mit seinem Rittersitz und klösterlichen Vorwerk nach dem großen Brand für kurze Zeit vielleicht als Ersatz diente, hieß es: *„Denn die Nonnen durften nur hinter einem geöffneten Fenster dem Gottesdienst der Mönche in Promnitz lauschen."*
Dabei handelt es sich vermutlich um die beiden zugemauertem Fenster in der damaligen Rittergutsküche.
Doch schon ein Jahr später begann der Wiederaufbau des Riesaer Klosters im romanischen Stil, der 1261 im gotischen Stil beendet wurde. Am 20. September 1324 übergab die Priorin Hedwig von Riesa ein 2 ½ Ruten breites Stück Acker auf dem Riesaer Vorwerk zu Promnitz dem Apezc, genannt Grodil (Grödel).
Zwischen 1354 bis 1385 wütete erstmals die schwarze Geisel des Mittelalters, die Pest, in Riesa. Diese für die Menschen als Strafe Gottes angesehene Epidemie forderte noch in den nächsten drei Jahrhunderten hier sehr viele Opfer, wodurch der Pestfriedhof im nahen Zeithain entstanden ist.

Das Rittergut Riesa, Lithografie um 1850.

In der Zeit von 1376 bis 1392 war Heinrich von Wolffersdorff Pfarrer von St. Peter und Hofmeister von Kloster Riesa. Auch Mitglieder der Familie von Wolffersdorff gehörten dem Kloster an:

> *„Am 2. Juni 1396 machte Agnete von Wolffersdorff, Nonne zu Riesa, für sich und ihre Schwestern Elisabeth und Gertrude ihrem Kloster eine Schenkung zu einem Jahresgedächtnis* [damit wollte sie sicherstellen, daß auch nach ihrem Tod für ihre Seligkeit gebetet wurde]. *Die Schenkung besteht aus drei wertvollen Büchern, die sie vom ewigen Vikar Hanfmus zu Meißen und ihrer Muhme Agnathe von Woldwigswalde erhalten."*

Die geschenkten, handschriftlichen Bücher waren für das Kloster von großem Wert und sollten zum Nutzen und Gebrauch des Klosters an einem bequemen Ort, aber mit Ketten befestigt werden, um vor Diebstahl geschützt zu sein.
1424 kam es durch Brandschatzungen der Hussiten zur Zerstörung des Klosters. Dörfer wurden geplündert und dem Erdboden gleich gemacht. In den Jahren 1426, 1429 und 1440 musste das klösterliche Leben erneut schwer leiden. Im Jahre 1519 verkauften die Äbtissin und der Propst, unter Zustimmung des gesamten Konvents und mit Einwilligung des Bischofs Johann von Meißen, ihren gesamten Besitz am Vorwerk Klein-Promnitz an Baltasar von Köckritz zu Groß-Promnitz, wobei alle zum Kloster Riesa gehörigen 17 Nonnen den Kaufvertrag unterschrieben. 1542 wurde das Kloster im Zuge der Reformation aufgelöst, worauf es die letzten 14 Nonnen (10 Nonnen und 4 Laienschwestern) sowie 19 Dienstpersonen verlassen mußten. Der kirchliche Besitz wurde in ein fürstliches Klosteramt umgewandelt. 1545 kaufte Martin von Miltitz die Riesaer Klostergebäude und baute sie zu einem Rittergut um.
1621 erwarb Christoph Felgenhauer (1604–1639), ein aus den Niederlanden stammender Kaufmann, das Rittergut Riesa. Durch seine Tätigkeiten als erfolgreicher Unternehmer und kurfürstlicher Kammerrat wurde er geadelt und besaß mehrere Rittergüter. Auf sein Betreiben hin erhielt Riesa 1623 das Stadtrecht. Im Jahre 1874 verkaufte Curt Robert Freiherr von Welck (1798–1866) die Rittergutsanlage an die Gemeinde Riesa, die im Schloss ein Rathaus einrichtete, in dem auch heute noch die Stadtverwaltung ihren Sitz hat.

Die Kreuzgewölberäume von Schloss Promnitz

Die Geschichte des Rittergutes Promnitz reicht weit zurück. Aus der frühmittelalterlichen Zeit der Burgwarde stammen wahrscheinlich die unteren Teile des Renaissanceschlossgebäudes mit seinen über einen Meter dicken Mauern. Wenn man die in ihrer Form bis jetzt unveränderten, ebenerdigen Kellerräume durch den ursprünglichen und niedrigen Rundbogeneingang betritt, der sich neben dem zugemauerten Renaissanceportal befindet, gibt es rechts zwei Kellerräume, die mit ihren Fenstern an der Nordwand liegen. Man biegt links um eine Wand mit Rundbogendurchgang in einen offenen Kellerbereich, dem gegenüber ein kleiner Vorratsraum mit Kreuzgewölbe liegt. Drei Steinstufen führen zu einer wiederum niedrigen Rundbogentür direkt in die Schlossküche – im Mittelalter eine Schwarzküche mit offenem Abzug –, die nach der Enteignung 1945 als Waschküche diente. Das mächtige Doppel-Kreuzgewölbe dieses Raumes wird durch Steinbögen, die auf einer kantigen, in der Mitte des Raumes stehenden Säule enden, getragen. An der Nordwand sind unter der Decke die Nischen von zwei halben flachrunden Fenstern zu erkennen, die den Raum in früheren Zeiten mit zusätzlichem Tageslicht versorgten, seit langem aber zugemauert sind.

Die beiden in tiefen Bogennischen liegenden Fenster an der Westwand lassen den Blick zu den mächtigen Scheunen und der großen Hofanlage hin schweifen. Hier befindet sich auch der Zugang zu dem Brunnen. In der dahinter liegenden Scheune gibt es einen tiefer gelegenen Kellerraum, der als Eiskeller diente. Bei

Überschwemmungen oder Eisgang legte man die Verstorbenen hier sprichwörtlich aufs Eis, bis sie in Riesa oder Zeithain beerdigt werden konnten.
Wenn die Schlossküche durchschritten ist, geht es nochmals drei Stufen hinauf, und man steht in einem fast quadratischen Raum, der wiederum mit Kreuzgewölbe versehen ist und den südlichen mit dem westlichen Gebäudeflügel im rechten Winkel verbindet. Die beiden Fenster dieses Eckzimmers öffnen sich zum Süden, zur Elbe hin. Von hier führt eine schmale Tür in den nächsten Raum, der, außer der Schlossküche, der größte Kreuzgewölberäum ist. Nur diesem Zimmer fehlt jetzt die gewölbte Decke, die durch spätere Umbauten zu einem darüber liegenden Saal wohl verlorenging. Dafür erhielt der Raum eine Holzkassettendecke, die reich bemalt war.
Am Ende der Außenwand mit den beiden ebenfalls in gebogten Nischen liegenden Fenstern kann man noch einen kleinen Nebenraum mit Kreuzgewölbe betreten, der zu einer Hälfte die Breite des großen Zimmers einnimmt und der zur Aufbewahrung von Geschirr und Tafelaufsätzen diente. Dieses große Zimmer, das in der Renaissancezeit als Empfangs- oder Esszimmer genutzt wurde, ist auch über einen Gang zu erreichen, der von der Diele des 1728 entstandenen Hauseingangs betreten werden kann. Vom gleichen Gang erreicht man alle nebeneinander liegenden Kreuzgewölberäume über Flügeltüren von außen. Aber vorher konnten die Bewohner auch durch alte Rundbogenöffnungen von einem Zimmer zum nächsten wandern.
Wenn man nach dem großen Esszimmer die nächste Flügeltür auf dem Flur öffnet, verbirgt sich dahinter ein uralter Kellerabgang. Über steile, grobe Steinstufen kann zu einigen tief gelegenen Kellergewölben hinabgestiegen werden. Wie in der Küche wird die Kreuzgewölbedecke des größten Kellerraums von einer mächtigen, mittig stehenden Säule getragen. Von dort gab es einen unterirdischen Fluchtweg, der 1873, als die Familie Rudolph das Rittergut Promnitz übernahm, wegen Einsturzgefahr zugemauert wurde. Eine Legende erzählt, dass von dort unten einst ein Geheimgang unter der Elbe zum Kloster Riesa hinführte, was natürlich unwahrscheinlich erscheint; allerdings könnte ein unterirdischer Weg bis zum Elbufer gereicht haben.
Nach dem Kellerabgang, der ebenfalls mit einem kleinen Kreuzgewölbe versehen ist und der sich zum Gang hin hinter einer der Flügeltüren verbirgt, ist der nächste Raum der schönste: Sein Grundriss ist fast quadratisch und die Kreuzgewölbedecke schmückten einst florale Bemalungen. Beim Betreten fällt der Blick gleich auf eine gegenüber liegende zweiflügelige Rundbogentür, die sich zu der dem Schloss vorgelagerten Südterrasse öffnet. Der Ausgang, den früher

eine reich verzierte Holzlaube schützte, gibt auch heute noch die herrliche Aussicht auf die gegenüberliegende Altstadt und Klosteranlage von Riesa und der Elbe mit ihrer Auenlandschaft frei. Ein breiter Gartenstreifen begleitet die Länge der Südseite des Schlosses zwischen Außenwand und Schutzmauer und führt zum ostwärts gelegenen Gärtnerhaus.

Ein Kreuzgewölberaum in Schloss Promnitz, die sogenannte "Lutherstube", mit provisorischer Einrichtung, 2017.

Auch der nächste und letzte Raum, der den Südflügel mit dem durch die Familie Taupadel gebauten Ostflügel verbindet, hütet ein Geheimnis und eine Überraschung: Er ist etwas kleiner als die anderen und besitzt als einziger einen Kamin. Durch eine später zugemauerte Tür in der Außenwand zum Osten konnte einst der Weg hinunter zur Elbe und der Fähre schnell erreicht werden. Das Doppelfenster liegt in einer tiefen Bogennische und lässt, wie alle zum Süden ausgerichteten Räume, den Blick durch die Fenster ebenfalls auf das breite Silberband der Elbe schweifen. Es könnte sein, dass die Familien Köckeritz und Taupadel diesen Raum als kleinen Kapellenraum nutzten. Vermutlich war er sogar von Anfang an als solcher gedacht, und so fanden hier wahrscheinlich die Taufen aller im Schloss geborenen Kinder statt, wenn jährliches Hochwasser durch die Elbe einen Besuch der Kirchen in Röderau und Zeithain für längere Zeit oft unmöglich machte.

Oder wurden hier vielleicht einzelnen Pilgern eine milde Essensgabe gereicht, konnten sie sich hier am Feuer wärmen oder sogar eine Nacht unterkommen? Denn seit Jahrhunderten wird dieser Raum die „Lutherstube“ genannt. Ein uralter Pilgerweg, teilweise den Verlauf der Via Regia nutzend und von Görlitz, über Dresden, Meißen, Großenhain und durch den Park von Lampertswalde kommend, folgte zum Teil auch den Dammwegen an der Elbe. Die Fähre von Promnitz war ein sicherer Übergang nach Riesa, wo sich einer der Pilgerwege zum ehemaligen Kloster weiter fortgesetzt haben könnte.

Die Adelsgeschlechter auf Schloss Promnitz

Im Laufe der Jahrhunderte kam es zu einem beständigen Wechsel der Besitzer von Schloss Promnitz – ein Phänomen, das natürlich auf die meisten Schlösser und Rittergüter zutrifft. Da die Kindersterblichkeit sehr hoch war und die männliche Erbfolge oftmals nicht gesichert werden konnte, ging das Schloss durch Heirat an andere Familien über oder wurde sogar verkauft. So lebten in Promnitz mindestens sechs verschiedene Adelsfamilien, die größtenteils durch Heirat miteinander verbunden waren: die Familien von Promnitz, von Köckeritz, von Taupadel, von Wolffersdorff, von Thielau und die Familie von Schimmelmann. Nach 1873 wurde das Rittergut an die bürgerliche Familie Rudolph verkauft, die bis 1945 das Schloss Promnitz bewohnte.

Jede Familie prägte das Leben auf dem Rittergut durch eigene gestalterische Eingriffe, wobei vor allem die Bautätigkeiten von entscheidender Bedeutung sind. Das Aussehen des Schlosses hat sich stets den Gegebenheiten und finanziellen Möglichkeiten seiner Besitzer angepasst, sodass sich die Anlage vom einfachen mittelalterlichen Rittersitz, über einen zweiflügeligen Renaissancebau zu einem stattlichen Barockschloss entwickelte, welches als Aussichtspunkt während des berühmten Zeithainer Lustlagers diente. Um die Geschichte des Schlosses und seiner Bewohner besser verstehen zu können, werden in den folgenden Kapiteln die jeweiligen Besitzerfamilien kurz umrissen und ihre Beziehungen zum Schloss Promnitz dargestellt. Des Weiteren werden die Anordnung der Räume und die einzelnen Zeitabschnitte auf Schloss Promnitz betrachtet.

Das Adelsgeschlecht von Promnitz

1185 wurde das meißnische Uradelsgeschlecht erstmals erwähnt, welches sich nach dem Ort Promnitz benannte und hier auf einem Rittersitz lebte. Die Familie hatte noch weiteren Besitz in den Orten Röderau, Brockwitz, Böhla und Zehren. Stammvater war der 1270 urkundlich genannte Hermann von Promnitz (gest. nach 1288). Er stand als Forstgraf oder „Forestarius" im Dienst des auch als Minnesänger bekannten Henricus Illustris, Heinrichs III. Markgraf von Meißen (ca. 1215–1288), dem sämtlicher Wald der Markgrafschaft unterstand. Hermann von Promnitz war sozusagen der oberste Wald- und Wildhüter und hatte auch die Jäger und Fischer zu beaufsichtigen. So kann Promnitz als das erste und somit auch älteste sächsische Forstamt in der Mark Meißen gelten.
Im Jahre 1288 verkaufte das Kloster St. Afra einige Teile des Zehnten aus den Dörfer Röderau, Gröba, Cantiz und Bobersen an das Kloster Riesa. Unter den Zeugen der Verkaufsurkunde befanden sich Rudega von Zeithain und Thylo von Promnitz. Am 3. März 1324 übereigneten die Söhne des Ritters Thylo, Nikolaus und Heinrich von Promnitz, den Riesaer Nonnen etwas Silber von der Taberne von Promnitz.
Im Jahre 1324 erhielt der Ritter Nicolaus von Promnitz für seine Verdienste in der Schlacht bei Mühldorf in Bayern das für die ganze Familie geltende Stammwappen. In dieser Schlacht besiegte am 28. September 1322 der Wittelsbacher Ludwig IV. der Bayer (1314–1347), den Habsburger Friedrich den Schönen, Herzog von Österreich (1289–1330). Als Folge wurde Ludwig Kaiser des Heiligen Römischen Reiches, wobei die Schlacht bei Mühldorf als letzte Ritterschlacht ohne Feuerwaffen gilt.

Siegmund Seyfried Graf von Promnitz
(1594 -1654),
Münzprägung von 1654.

Am 25. März 1403 verkauften die Brüder Hans und Heinrich von Promnitz der Äbtissin des Klosters Riesa, einer von Merzdorf, den jährlichen Zins des Gutes Kunze aus Röderau.

Nach 1430 verließ die Familie ihren Stammsitz Promnitz an der Elbe und siedelte sich in der Niederlausitz, in Pirna und in Schlesien an. Die Bannerherren Sigismund (1380-1444) auf Lessendorf und Otto II. von Promnitz (1377–1430) auf Weichau gründeten in Schlesien die Hauptlinien ihres Geschlechts, während Heinrich I. (gest. 1485), in wichtigen Ämtern tätig, zum Stadtadel in Pirna zählte. Ab 1500 existierten von der Familie von Promnitz die Häuser Weichau, Lessendorf, Dittersdorf, Hirschfeldau und Pirna. 1539 wurde Balthasar III. a. d. H. Lessendorf (1488–1562) der 34. Fürstbischof von Breslau und oberster schlesischer Landeshauptmann. Er erwarb die Standesherrschaften Pless und Sorau, stiftete 1561 die Sukzessionsordnung und legte den Grundstock für eine der reichsten und mächtigsten Familien in Schlesien. Zahlreiche Schlossneubauten zeugen davon, u. a. Pförten, Triebel, Hoyerswerda und Sorau. Der letzte Schlossneubau entstand 1861 im Plesser Forst: das Jagdschloss Promnitz, heute unter dem Namen Promnice und als komfortables Hotel „Noma Residence" bekannt.

Am 29. November 1559 erhob Kaiser Ferdinand I. alle Mitglieder der Familie Promnitz in den Reichsfreiherrenstand. Am 9. Juni 1652 wurde Siegmund Seifried Freiherr von Promnitz (1595–1654) aus dem Haus Alt-Weichau, Landvogt der Markgrafschaft Niederlausitz, von Kaiser Ferdinand III. in den erblichen Reichsgrafenstand erhoben. Die Grafen von Promnitz bekleideten damals höchste sächsische Staatsämter: Ulrich von Promnitz (1636–1695) wurde 1680 Gründungskompagniechef der Sächsischen Gardereiter zu Dresden, Erdmann III. von Promnitz (1683–1745) war Minister des Geheimkabinetts Augusts des Starken, und durch Heirat mit der wettinischen Prinzessin Anna Maria von Sachsen-Weißenfels (1683–1731) wurde sogar der Anschluss an den Hochadel erreicht. Deswegen entfaltete die Hofhaltung in Sorau unter ihm barocke Pracht nach französischem Vorbild. Zum Beispiel gründete er eine eigene

Hofkapelle – die „Reichsgräflich-Promnitzische Hofkapelle“. Deren Kapellmeister Georg Philipp Telemann (1681–1767) wurde später als deutscher Komponist des Barocks berühmt. Zur Hofhaltung gehörten außerdem Hof- und Reiseprediger und eine eigne Reiterei. Die Promnitzischen Reiter haben auch am Zeithainer Lager 1730 teilgenommen, wobei Erdmann III. von Promnitz auf dem Familienstammsitz seinen Schwager Christian Herzog von Sachsen-Weißenfels (1682–1736) und seinen Schwiegersohn Fürst August-Ludwig von Anhalt-Köthen (1697–1755) empfing. Er hatte 1726 Emilie Gräfin von Promnitz (1708–1732) geheiratet und vermählte sich nach ihrem Tod mit ihrer Schwester Anna von Promnitz (1711–1750).

Erdmann III. von Promnitz, Gemälde um 1730.

1753 verfügte Kaiserin Maria Theresia die Namenserweiterung zur freiherrlichen Linie „Promnitz von Promnitzau“ für Johann Wilhelm Promnitz, königlich-kaiserlicher Rittmeister. Ein Nachfahre, Johann Carl Gustav Ludwig Promnitz von Promnitzau (1804–1832), war Prinzenerzieher am russischen Zarenhof. 1791 erlosch die gräfliche Linie mit dem Sohn Johann Erdmann von Promnitz (1719–1785), da aus seiner 1754 geschlossenen Ehe keine Kinder hervorgingen. Im 19. Jahrhundert wanderten Familienmitglieder nach Amerika, Australien und Südafrika aus.

Die Promnitzschen Reiter 1730, Kürassierregiment Graf von Promnitz.

Das Adelsgeschlecht von Köckeritz

Das Geschlecht von Köck(e)ritz stand in französischen Diensten, als ein Urahn besonders keck in einer Schlacht gefochten hat. Als Dank und besondere Gnade wurden ihm vom König Lilien auf sein Schild geworfen, die fortan das Wappen zierten – so erzählt die Legende aus dem Buch „Wappensagen des deutschen Adels" von Johann Georg Theodor Grässe. In der älteren Literatur werden schlesische oder slawische Ursprünge aus der Lausitz vermutet. In Kurbrandenburg und Böhmen wurden die von Köckeritz später sesshaft.

Mit Poppo und Henricus de Kokericz ist die Familie 1209 urkundlich erstmalig in Erscheinung getreten. 1287 begann eine ununterbrochene Stammreihe. Das gleichnamige Stammhaus und Rittergut Köckritz ist heute ein Ortsteil der Gemeinde Harth-Pöllnitz im Kreis Greiz in Thüringen. Der mittelalterliche Chronist Lorenz Peccenstein nannte Ritter Poppo, der um 1304 Herr auf Altdöbern war, sogar einen Kriegshelden.

1335 gelangte Elsterwerda als Burgsitz mit Ringmauer in den Besitz der Familie von Köckeritz. Nach fast 200 Jahren wurde der Rittersitz 1512 durch Georg und Hans von Köckeritz an Herzog Georg von Sachsen (1471–1539) verkauft. Im Jahre 1401 stiftete Markgraf Wilhelm I. (1343–1407) einen Vergleich zwischen den Köckeritz, Lüttichau und Schönberg. Walther von Köckeritz war von 1407 bis 1411 Bischof von Merseburg. Sein gleichnamiger Neffe ist im Meißner Dom begraben. Um die gleiche Zeit wurde ein Ditpold von Köckeritz als tapferer Ritter des Deutschen Ordens genannt.

Während der Hussitenkriege sollen im Königreich Böhmen 1426 in der großen

Schlacht bei Aussig sechsundzwanzig Köckeritze, die im Heer des sächsischen Kurfürsten Friedrich des Streitbaren (1370–1428) gekämpft haben, gefallen sein.
Nachdem das Geschlecht von Promnitz um 1430 seinen Stammsitz verlassen hatte, wurde Anna von Köckeritz, in Abwesenheit ihres Gemahls am 3. Januar 1432 von Landgraf Friedrich IV. (1384–1440) mit dem Rittersitz und dem Vorwerk Groß- oder Nieder-Promnitz belehnt. Zu dieser Zeit war ihr Mann, der kurfürstliche Rat Caspar von Köckeritz, Amtmann und Pfandinhaber der Burg Potsdam. Ein Zweig der Familie war – nach Überlieferungen – bereits 1348 auf der Wasserburg Altdöbern in der Niederlausitz sesshaft, urkundlich aber erst ab 1447 belegt.
Zwischen der Familie von Köckeritz und der Familie von Wolffersdorff gab es auch in diesen Zeiten schon Berührungspunkte: Der Landvogt Niclas (auch Nicolaus) von Köckeritz (1470–1506) belehnte im Namen des ungarischen Königs Matthias Corvinus (1458–1490) im Jahre 1489 Götz von Wolffersdorff mit der bedeutenden Herrschaft Burg Bornsdorf in der Niederlausitz mit zwölf Dörfern und Stellung von zwei Ritterpferden. Sein Nachfahre Friedrich Albrecht von Wolffersdorff verkaufte den Besitz im Jahre 1723, um auf Geheiß seines Kurfürsten August des Starken das Renaissanceschloss Promnitz im Stile des Barocks umzubauen.
Im Jahre 1517, als am 31. Oktober Martin Luther seine Thesen gegen den Ablasshandel verbreitet hatte, waren Groß- und Nieder-Promnitz im Besitz von Rudolph von Köckeritz. Sein Sohn gleichen Namens verstarb am 10. Februar 1580. Aus dieser Zeit sind hauptsächlich Kirchenbucheinträge in Zeithain überliefert, die mit einer Fülle von Namen und Personen Verwirrung stiften können. Oftmals ist nur das Geburts- oder Sterbedatum bekannt und die Beziehungen untereinander und auch zu Promnitz bedürfen einer genaueren Forschung. Deshalb seien hier nur einige Eintragungen aus den Kirchenbüchern und zusätzliche Informationen genannt.
Am 14. November 1519 kaufte Gottlob von Köckeritz das Vorwerk Klein- ode Ober-Promnitz für 500 rheinische Gulden vom Kloster, woraufhin er es von seinem Landesherrn als Mannlehngut verliehen bekam und es mit dem ritterlichen Vorwerke Groß- oder Nieder-Promnitz vereinte. Im gleichen Jahr wurde auf Promnitz ein Balthasar von Köckeritz erwähnt. Ein wichtiges Mitglied der Familie Köckeritz war Caspar von Köckeritz in Seese bei Kahlau (gest. 1567). Er war nicht nur sehr mit der Familie Cranach in Wittenberg befreundet, sondern

Caspar von Köckeritz, Ölgemälde von Lucas Cranach dem Älteren, um 1530.

traf sich dort auch mit Martin Luther, mit dem er in engen Gedankenaustausch stand. Das „Neuvermehrte historische Lexicon“ von Jacob Iselin berichtete von ihm: *„Er stund 1530 mit Luthern im guten vernehmen, wie ihm denn dieser den Commentairen über den 3. Psalm zugeschrieben.“* Als würdigen, im Gebet vertieften gläubigen Mann ließ er sich um 1530 mit einem Rosenkranz von Lukas Cranach dem Älteren malen.
Ein anderer Caspar von Köckeritz verlor 1535 seine Frau. Im Kirchenbuch von Zeithain wurde berichtet:

„Donnerstag 21. Februar Anno 1535 Junckers Caspars Weib von Boberissen (Bobersen) zu Merschwitz gestorben und in der Klosterkirchen begraben.“

Nach der Reformation 1539/40 wurde Promnitz schriftsässiges Rittergut im Bereich des Amtes Großenhain mit der oberen und niederen Gerichtsbarkeit über das Dorf Promnitz, die vorher das Kloster innehatte.
Im Jahre 1589 starb Hans Christoph von Köckeritz auf Oberpromnitz, ein weiterer Sohn des schon genannten Rudolph von Köckeritz, und *„ist mit einer christlichen Proces gen Zeytten (Zeithain) begraben worden“*. 1590 war das Sterbedatum eines Balthasar von Köckeritz auf Oberpromnitz, beigesetzt in Miltitz. 1593 ist im Kirchenbuch vermerkt, dass *„Frau Anna von Köckeritz, Hansen von Köckeritz zu Oberpromnitz Mutter ehrlichen und christlichen Glaubens genn Röderau begraben wurde“*. Und am 27. Mai 1601 wurde der Tod von Rudolph von Köckeritz *„jüngstes Töchterlein Annalein Margarethe mit sechs Wochen“* betrauert.
Im Jahre 1603 erbauten Rudolph von Köckeritz und seine Ehefrau Agnes von Schönberg ihr Schloss mit einem mächtigen Wendelstein in Promnitz und legten damit den Grundstock für die heutige Schlossanlage. Agnes kam aus dem Geschlecht der Schönberg, die zu den einflussreichsten Familien des niederen Adels in Sachsen zählte. Urkundlich ist die Familie als altes meißnisches Adelsgeschlecht mit Stammsitz in Rothschönberg bei Nossen seit der Hälfte des 12.

Jahrhunderts nachweisbar. Es gehörte zu den „Säulen meißnischer Ritterschaft“ und stellte über Jahrhunderte Bischöfe, Räte, Oberhauptleute und kurfürstliche Beamte. 1614 übernahm Rudolph von Köckeritz von den Söhnen des Heinrich von Pflugk das Rittergut Canitz. Aus dem Jahr 1621 ist überliefert, dass die Familie von Köckeritz von Promnitz und Strauch ihren Landesfürst mit drei Ritterpferden diente. 1622 wurden noch das freie Burglehen Zielenzig und die Güter Mittweida und Zahlow erworben. 1630 ging das Rittergut Canitz an den Erben Rudolph Haubold von Köckeritz über, der aber bald im Dreißigjährigen Krieg fiel. So kam der Besitz in die Hände seines Bruders Caspars von Köckeritz. Als auch dieser verstarb, erbte es der Vetter Hans Balthasar von Köckeritz. Von der letzten Köckeritz-Familie auf Promnitz ist im Kirchenbuch noch zu lesen:

Ausschnitt aus einer Karte von Matthias Öder: "Hans Köckeritz hoff zu Ober Promnitz hat 5 heußlein weinbergt. Grospromnitz ist Rudolf von Köckeritz, hat 4 heußlein", um 1600.

> *„Dem wohledlen Herrn Gottlob von Köckeritz und Strauchwerk, Großpromnitz ein Sohn am 29. Juni 1642 geboren, und auf Hans Adam getauft. Taufpaten Hans Adam von Köckeritz auf Oberloßa, Hans Balzar von Köckeritz auf und über Acdum Rissa.“*

Es folgen die Eintragungen der Taufen von den Töchtern: 1645 Dorothea Elisabeth, 1647 Maria Magdalena und 1649 Susanna Margaretha von Köckeritz. Als letztes Kind wurde 1651 Heinrich Friedrich von Köckeritz getauft und in der Familiengruft am 5. Juni 1672 beigesetzt. Dann starb Gottlob von Köckeritz *„uff Ober- und Nieder-Promnitz allhier zu Zeithen (Zeithain) in der Kirche begraben wurden den 16. Februar 1652.“* Eine weitere Tochter von Gottlob von Köckeritz heiratete Heinrich von Schleinitz (1634–1710):

„Herr Christopf Heinrich von Schleinitz und die Jungfrau Anna Katharina, weyland H. Gottlob von Köckeritz uff Promnitz hinterbliebene ehelich Tochter auf dem Hause Grödel copuliert wurden, den 16. November 1657."

In ihrer 18 Jahre dauernden Ehe wurden acht Söhne und vier Töchter geboren. Als lebensgroßes Sandstein Epitaph ist das Ehepaar in der Kirche zu Zeithain verewigt. 1686 vermerkte das Kirchenbuch in Zeithain, dass am 28. April *„die hochwohlgeborene Frau Agnes Julianna von Köckeritz, gebohrene Schönfeld, des hochwohlgebohrenen Gottlobs von Köckeritz hinterlassene Fr. Witwe zu Zschorna im Herrn selig entschlafen"* ist, welche die Mutter von Anna Katherina von Köckeritz (verh. von Schleinitz) war. Aus dem Leben des letzten Köckeritz von Promnitz erfährt man wieder aus dem Kirchenbuch:

„Den 13. Mai um 11 Uhr, vor Mittags, ist der hochwohlgebohrene Herr Hans Adam von Köckeritz Lehns Herr auf Promnitz u. Strauch fürstl. Rath u. Hoff-Meister, Schriftgelehrter (entschlafen), dessen Leichnam wurde hierauf den 27. Anno 1699 nach Hirschfeld überführed und im Hause daselbst beerdigt."

Seine Ehefrau Maria Magdalena von Lüttichau *„starb sanft und selig d. 30. Augustis Anno 1717"*. Neben vielen anderen in der Literatur genannten Mitgliedern der Familie ist als bedeutende Persönlichkeit noch Karl Leopold von Köckeritz (1744-1821) zu erwähnen, der Generaladjudant und Vertrauter Königs Friedrich Wilhelm III. (1770-1840) von Preußen und von Königin Luise (1776-1810) war.

Die von Köckeritz auf Bobersen

Bobersen liegt in der Gemeinde Röderau, das im Jahre 2002 nach Zeithain eingemeindet wurde. Ursprünglich gehörte es zum Besitz des Klosters St. Afra in Meißen, bis es das Nonnenkloster Riesa übernahm. Im Jahre 1456 wurde die Familie von Köckeritz vom Kurfürsten Friedrich II. (1412–1467) mit dem Rittergut und Dorf Bobersen belehnt, das die Familie bis Ende des 17. Jahrhunderts besaß. Dann erwarb es der kurfürstliche sächsische Generallandzeugmeister Georg Ernst von Borau, genannt Kessel (1645–1703). Von ihm und seiner Frau, eine geborene von Pflugk wurde 1696 das Herrenhaus errichtet.

Das Adelsgeschlecht von Taupadel (Taubadel)

Schon 1336 wurde dieses Geschlecht erstmalig urkundlich erwähnt. Die Ortschaft Taupadel ist heute ein Ortsteil der ostthüringischen Gemeinde Saara im Altenburger Land. Von der Familie Taupadel gibt es zwei Linien: Fichtenberg (ab 1330) und Börtewitz. Das Gut Börtewitz musste im Dreißigjährigen Krieg aufgegeben werden.

Am 24. Mai 1602 wurde die Familie in den böhmischen rittermäßigen Adelsstand erhoben und dazu ein Wappen verliehen. Ab 1550 wurden die Taupadel als Mitbesitzer auf Promnitz genannt. Im Kirchenregister der Zeithainer Kirche wurde 1567 namentlich ein Hans von Taupadel zu Ober-Promnitz verzeichnet. 1580 verschied Hans Christoph von Köckeritz auf Promnitz und als auch seine Ehefrau Anna 1583 starb, kam auch der Rittersitz Nieder-Promnitz durch Heirat in den Besitz der Taupadels. Als auf Promnitz 1594 die beiden Geschlechter Köckeritz und Taupadel saßen, gehörten zu Groß-Promnitz vier Häuser und zu Klein-Promnitz fünf Häuslein und etliche Weinberge. Vierundzwanzig Jahre (von 1602 bis 1626) besaßen das Adelsgeschlecht von Taupadel auch das zweite Vorwerk Groß- oder Nieder-Promnitz.

Wie eng beide Familien verbunden waren, wird dadurch deutlich, dass, nachdem die Köckeritz 1603 ihr Schloss erbaut hatten, wenig später auch die Taupadel parallel dazu ein Wohngebäude im gleichen Stil der Renaissance erstellen ließen. Dieser zweite Flügel bestand im ersten und zweiten Stockwerk nur aus zwei sehr großen Raumen. Während der rechte Köckeritz-Flügel auf den alten Kreuzgewölberäumen aufgebaut ist, ruht der linke Taupadel-Flügel mit seinen Wohnräumen auf einem Durchgang. Er führt zum Gärtnerhaus und zur Elbe hin

So könnte Promnitz einst ausgesehen haben, als Rudolph von Köckeritz 1603 das Schloss mit dem rechten Flügel erbaute und die Familie von Taubadel den linken Flügel hinzufügte. Kollage von 2016.

und befindet sich über ebenerdigen Ställen, die ebenfalls auf Säulen ruhende Kreuzgewölbe besitzen. Im Durchgang befindet sich eine Tür, hinter der ein alter steiler mit grob gehauenen Stufen versehener Abgang zu den Kellerräumen führt, von denen man wieder in das Schloss gelangt. Ein Rundbogenzugang zu diesem Flügel ist, wie auch das alte Renaissanceportal im Turm, beim Umbau 1728 zugemauert worden.
1618 wurde ein Balthasar Abraham von Taupadel in Promnitz erwähnt. Als er 1635 in den Kriegsdienst trat, nahm er von seinen beiden Söhnen Balthasar Abraham und Ernst Gottfried den Ältesten mit, der 1624 auf Promnitz geboren und zu dem Zeitpunkt neun Jahre alt war. Doch drei Jahre später starb sein Vater in Grimma und der nun Zwölfjährige wurde von seinen Verwandten auf Fichtenberg aufgenommen.
Im Kirchenregister ist des Weiteren ein Heinrich von Taupadel zu Ober- und Nieder-Promnitz eingetragen, *„wo ihm bald von 1620 bis 1626 mehrere Kinder geboren wurden“*. Aus dem Jahre 1622 ist überliefert, dass *„ein Taupadel beabsichtigt, eine Schiffsmühle zu bauen“*. Die Existenz der Schiffsmühle wird durch ein Pachtbrief aus dem Jahre 1667 zwischen Schiffsmüller und Rittergut bestätigt. Somit war die Mühle inzwischen tatsächlich gebaut worden und blieb bis 1773 als eingängige Mühle bestehen. Im ganzen Ort lebten zu dieser Zeit etwa 18 Personen.
1624 kauften die Herren von Taupadel auf Promnitz den Schradenwald in Zeithain. Ein Jahr später zerstörte ihnen ein Hochwasser *„den kleinen Werder“*, eine Elbinsel, die noch im alten Elbbett im Umfang von einem halben Acker Nutzland vorhanden gewesen war. Etwa um 1626 verließen die Taupadels das Rittergut Promnitz und die Vorwerke Groß- und Kleinpromnitz wurden durch die Familie von Köckeritz wieder vereint.

Die Taupadels auf Fichtenberg

Der Ort Fichtenberg wurde urkundlich im Jahre 1202 durch seine Gründung von Gunzelius Vichtenberc erstmalig erwähnt. Ab dem Jahre 1406 ist die Familie von Taupadel hier nachweisbar. Ein Heinrich von Taupadel heiratete Susanne von Ende, während eine Esther von Taupadel mit einem Ulrich von Ende auf Lohma und Mutzschen die Ehe einging.
Ein berühmter Sohn der Familie auf Fichtenberg wurde Georg Christoph von Taupadel (1595–1647), der als französischer und schwedischer General im Dreißigjährigen Krieg zu Ruhm gelangte. In seiner Leichenpredigt von 1647 ist zu lesen, dass sein Vater Georg I. von Taupadel war und seine Mutter Magret von Güntenrot aus Raußstein vom Hause Zigeren stammte. In Zigeren verbrachte der kleine Georg Christoph von Taupadel seine Kindheit bis zum 16. Lebensjahr, ging dann zum Militär und kämpfte im Braunschweigischen Krieg. In Schweden setzte er seine Laufbahn fort und erwarb während des Dreißigjährigen Krieges in mehreren Schlachten Ruhm und Ehre. 1628 heiratete er in Judstatt in Preußen Margarethe Jungen, die Tochter eines Johann Jungen. In dieser Ehe wurden drei Söhne und vier Töchter geboren. Der erste Sohn Georg Christoph starb im Alter von drei Jahren, während seine beiden Brüder Alexander und Georg Christoph, der den Namen seines verstorbenen Bruders erhielt, das Erwachsenenalter erreichten. 1632 eroberte Georg Christoph von Taupadel Leutkirchen bei Neumarkt, wurde dort gefangen genommen, eroberte später Freystadt und verbrannte die feindlichen Vorräte. Bei Fürth verlor er 1634 seinen rechten Arm. Die Veste Coburg wurde von ihm gegen General Albrecht Wenzel Eusebius von Waldstein, genannt von Wallenstein (1583–1634), Herzog von Friedland und kaiserlicher Kriegsrat, heldenhaft verteidigt. Ein unbekannter Kriegsberichterstatter schrieb darüber:

> *„Eygentlicher und wahrhafftiger Bericht Wie General Wallenstein die Vestung Coburg mit ganzer Macht gestürmet und durch vorsichtigkeit des Schwedischen Obr. Taupadels wiederumb zurückgetrieben, die Sturmleitern zerschossen, daß die jenigen so in dem Graben gewesenen keiner wieder herauß kommen können, sondern wie die Meuse in den Fallen sich zu tode schiessen lassen, der Wallensteiner die Stadt Coburg verlassen und sich salviren müssen."*

Georg Christoph von Taupadel, Kupferstich um 1660.

Georg Christoph von Taupadel wurde von vielen Zeitgenossen *„als tapferer Edelmann von großer Tüchtigkeit in vielen Gefechten gut gehalten"* beschrieben. Mit einigen Generälen war er allerdings unterschiedlichster Meinung. Deshalb legte er alle Ämter nieder und zog sich auf seinen Besitz Schloss Blotzheim bei Basel zurück, wo er am 12. März 1647 im Alter von 52 Jahren verstarb. In St. Peter in Basel wurde er beigesetzt. Sein Sohn Georg Christoph von Taupadel wurde durch einen erhaltenen Brief vom 21. Dezember 1671 noch als lebend bestätigt. Der zweite Sohn, Alexander, genannt Axel von Taupadel, wurde in Schweden geboren, und schlug wie sein Vater zunächst die militärische Laufbahn als schwedischer Obrist ein. Das „allgemeyne Eydgenossische oder Schweitzerisches Lexicon"(Band 18) berichtete über ihn:

> *„Aus diesem Adlichen Geschlecht aus Meißen hat Axel, ein Königlicher Französicher Obrister zu Pferd Anno 1651 Maria, des Königlich Französischen General-Lieutnant Johann Ludwigs von Erlach Tochter geheyratet und mit ihrem auch einen Anteil an der Herrschaft Castelen im Gebiet der Stadt Bern bekommen."*

In dem Kirchenbuch St. Peter in Basel, wo er neben seinem Vater bestattet wurde, findet sich zu seinem Tode der Eintrag:

> *„Axel von Taupadel, Herren zu Castelen und Blotzheim 1671 seliglich am 13. Juli entschlafen und in der Kirche St. Peter zu Basel bestattet worden."*

Ein weiterer Taupadel, Johann Georg Christoph, wahrscheinlich aus der Linie Börtewitz, wurde durch seine tragische Ermordung bekannt. In ganz Sachsen

und besonders am Dresdner Hof, wo die Familie von Taupadel etwas galt, sprach man damals darüber. Johann Georg Christoph von Taupadel war Soldat in vielen Ländern, kämpfte während der Türkenkriege unter Kaiser Leopold I. (1658-1705), ging 1664 nach England, um an den Kriegen gegen die Niederlande teilzunehmen und reiste sogar nach Afrika, wo er nur knapp den Beschuss seines Schiffes unbeschadet überlebte. Anschließend focht er von 1667 bis 1668 im französischen Heer im Krieg gegen Spanien. Da das Rittergut Börtewitz wegen hoher Verschuldung aufgegeben werden musste, kehrte der Rittmeister Johann Georg Christoph in seine Heimat zurück, um diese Angelegenheit zu regeln. Er kam nach Leipzig und Dresden und wollte in *„seinem lieben Vaterland"* auch seine Vettern auf Fichtenberg besuchen.
Nachdem er die Erbschaft von Börtewitz geregelt hatte, wobei er durch den Verkauf eine ziemliche Summe bei sich hatte, wollte er nach Leipzig zurückreiten. Er wurde von zwei Dienern begleitet, die davon wussten und beschlossen ihren Herrn zu ermorden und mit dem Geld zu flüchten. In der Nähe von Wurzen kam Johann Georg Christoph durch zwei Schüsse in den Rücken und Faustschlag ins Gesicht am 4. Oktober 1668 zu Tode. Nur wenige Tage später, am 16. Oktober, sprachen die aus Promnitz stammenden Brüder Balthasar Abraham und Ernst Gottfried von Taupadel, die ebenfalls Offiziere waren, beim Kurfürsten vor und baten diesen unrühmlichen Mord ihres Vetters mit Verfolgung und harter Bestrafung der Täter zu sühnen, worauf auch einer der beiden gefasst und zum Tode verurteilt wurde. Das neue preußische Adelslexicon, welches Leopold von Zedlitz-Neukirch verfasste, schrieb kurz über ihn:

> *„Georg Christoph von Taupadel ist durch seine merkwürdigen Schicksale zu Wasser und zu Land und zuletzt durch seine Ermordung am 4. Octbr. 1668 bekannt geworden."*

In der Chronik von Christian Schöttgen wurde berichtet:

> *„Anno 1668, den 4. Oktober ist Herr Christoph von Taupadel, ein Rittmeister, als er von Dreßden nach Wurzen reiten wollen, unweit Kerlitz von seinem Cammerdiener und Reitknecht erschossen, beraubet und aus der Straße geschleppt worden."*

In dem deutsch-französischen Gemetzel 1674 bei Sinsheim fielen am Pfingstsonntag aus der Linie Fichtenberg die Brüder Hans Christoph und Ernst Gottfried von Taupadel beide als Rittmeister. Der dritte Bruder Balthasar starb kurz nach ihnen im gleichen Jahr. Ein Ausschnitt aus der Leichenpredigt 1674 lautet:

> *„Die vom heiligen Geist hochgerühmte Bruderliebe, die erwiesen, haben die beyden nunmehr in Christo ruhenden Brüder Balthasar Abraham und Ernst Gottfried von Taupadel....“*

Im neuen preußischen Adelslexicon von Leopold von Zedlitz-Neukirch wird weiterhin aufgezählt:

> *„Ernst Balthasar Sigismund von Taupadel ist von 1793 bis 1795 Generalmajor und Commandant von Danzig.“*

Er war ein Sohn einer der oben genannten Brüder. Ein Teil der Familie von Taupadel hat schon lange zuvor die alte Heimat Sachsen verlassen und war über die Lausitz nach Schlesien gezogen, wo sie später mit zahlreichen Besitzungen (z. B. Roskowitz im Kreis Kreuzberg) reich begütert waren.
Ab 1750 änderte die Familie auch endgültig die Schreibweise ihres Namens von Taupadel in Taubadel. Diese Schreibweise wird jetzt hauptsächlich verwendet.

Hans Dietrich Gottlob von Wolffersdorff, Ölgemälde.

Im 18. Jahrhundert verkauften die Erben von Hans Christoph von Taupadel das Rittergut Fichtenberg, das seit 1406 der Familie gehört hatte, an den kursächsischen Kreishauptmann und Oberlandfischmeister Hans Dietrich Gottlob von Wolffersdorff (1730–1785) auf Grödel. Er war ein Neffe des kinderlosen Carl Ludwig Graf von Wolffersdorff (1700–1774) und hatte das Rittergut Grödel von diesem geerbt.
Fichtenberg blieb bis 1802 im Besitz der Familie von Wolffersdorff. Das Herrenhaus Fichtenberg steht heute nicht mehr. Nachkommen der Familie von Taubadel leben noch in Deutschland und in Kanada.

Renaissanceschloss Promnitz

1603 erbaute Rudolph von Köckeritz ein Schloss ganz im Stil der Renaissance auf die aus der Vorzeit noch vorhandenen Kreuzgewölbe. Es ist nicht selten, dass sich Schlösser aus dieser Epoche auf mittelalterlichen Burganlagen oder sogar früheren Klostergemäuern gründen. Der Renaissancestil verkörpert die Wiedergeburt der griechischen und römischen Baukunst. Mit den streng gegliederten, symmetrisch über vertikale Achsen gestalteten Hausfassaden mit Ziergiebeln und Treppentürmen spiegelt sich die Renaissance auch in der Architektur wider. Die Frührenaissance ging fließend in die Hoch- und Spätrenaissance über und endete in den ersten Jahrzehnten des 17. Jahrhunderts.

In Promnitz sind noch deutlich die Spuren des Renaissancebaus nachweisbar: Die beiden nach Norden zeigenden Giebel sind typisch mit Katzentreppen und Treppentürmchen mit Kugeln versehen. Der Giebel wird von einer Spitzverdachung bekrönt, unter der je ein Okkulusfenster Licht in die oberste Dachspitze scheinen lässt. Darunter sind die vier übereinanderliegenden, gefassten Fensterpaare angeordnet, die durch vertikale und horizontale Putzbänder und Felder unterteilt sind.

Die Fenster der einzelnen Etagen sind unterschiedlich groß: Die oberen zum Dachraum gehörenden Fenster und die zu der untersten Etage der Kellerräume sind kleiner als die beiden Fensterpaare der beiden mittleren Wohnebenen. Auf der inneren Hofseite, an die Westwand gebaut, erhebt sich der mächtige, achteckige Treppenturm. Das Achteck (Oktagon) hat seit der Antike eine symbolische Bedeutung, die auf den achtstrahligen Stern zurückgeht und für Vollkommenheit steht, was sich besonders in der Architektur der Renaissance wiederfindet. Seine schräg ringsum gefassten Renaissancefenster begleiten den innenliegenden, steinernen Wendelstein, der im letzten Teil aus Holz besteht und bis zu der später gebauten Doppelhaube führt. An der Nordseite des Turmes befindet sich zu ebener Erde ein Rundbogeneingang, bei dem der Wendelstein beginnt und über den die beiden Wohngeschosse erreicht werden konnten. Das niedrige Portal besitzt zwei Sitznischen, deren Kämpfer mit Muscheln verziert sind und die von einer über der Tür eingemeißelten Wappendarstellung gekrönt werden. Die Initialen des Allianzwappens „R. V. K.“, „ A. G. V. S.“ und die Jahreszahl 1603 verraten, dass der vorgenannte Rudolph von Köckeritz und seine Ehefrau Agnes von Schönberg die Erbauer des Schlosses waren.

Neben dem wappengeschmückten Rundbogenportal zum einstigen Turmaufstieg kann man das Gebäude auch heute noch durch den alten, schon vorher be-

Das Renaissanceportal mit Sitznischen, das als Umrahmung des ursprünglichen Eingangs zum Wendelstein diente, Zustand 2017.

schriebenen, daneben liegenden Eingang betreten, um von hier Keller und Küche mit Vorräten zu versorgen.
Im 17. Jahrhundert gehörten eine Schäferei, eine Brennerei und Weinberge zur Rittergutsanlage Promnitz. Im Gegensatz zum Frühmittelalter lebte man in der Zeit der Renaissance viel bequemer und repräsentativer. Die Gäste wurden in einer kleinen Eingangshalle empfangen. In Promnitz war sie über einige Stufen des Treppenturms zu erreichen. Gegenüber konnte man in die Gesellschaftsräume bitten. Es handelte sich um ein großes Zimmer, das auch von der Küche, einer ehemaligen Schwarzküche, gut zu erreichen war. Daneben reihten sich das Sommer-Esszimmer, das einen direkten Zugang zu dem Terrassengarten im Süden hatte, und schließlich der Kapellenraum, der durch einen Kamin heizbar war. Ein wichtiges Motto dieser Zeit lautete: *„Alle diese Aufenthaltsräume sollen festlich und heiter sein. Im Blickpunkt soll der Hausaltar stehen!"* Nach diesen idealen Vorstellungen jener Zeit wurde auch Promnitz bewohnt. Der wiederentdeckte, römisch antike Kunststil übertrug sich auch auf die Inneneinrichtung. Die ausgewogenen Proportionen, Symmetrien und strenge Harmonie

Der Schlussstein am Renaissanceportal mit den Wappen Köckeritz und Schönberg. R. V. K. steht für Rudolph von Köckeritz und AG. V. S. für Agnes von Schönberg, die das Schloss 1603 errichteten, 2017.

wurden bei den Möbeln und auch bei der Kleidung übernommen. Schwere, dunkle, reich mit Tiermotiven verzierte und geschnitzte Eichenmöbel, sogenannte Kastenmöbel, bildeten die Einrichtung.
In Promnitz waren die Zimmer der beiden oberen Stockwerke über die Treppenstufen des Wendelsteins zu erreichen und wurden als Wohn- und Schlafräume genutzt. Wahrscheinlich nahm ein großes Baldachin-Ehebett fast die Hälfte des Schlafraumes ein. Schwere Vorhänge zwischen den Säulenpfosten schützten die Ruhenden vor Kälte und Ungeziefer. In den noch oft aus der Zeit der Gotik stammenden Truhen lagen kostbare Stoffe, Gewänder und Pelze. Der mächtige Fassadenschrank oder der auf hohen gedrechselten Beinen stehende Kabinettschrank, Sessel und Lehnstühle mit Knorpelwerkschnitzerei aber auch einfache Klappstühle, Hocker und vor allem schwere, geschnitzte Tische füllten die Räume in der Zeit der Renaissance und werden auch in Promnitz gestanden haben.
Wie lebten Rudolph von Köckeritz und Agnes von Schönberg in ihren neuen Schlossräumen? Die Ehe war, wie damals üblich, von den Eltern arrangiert. Die Braut musste gesellschaftlich zu ihrem Bräutigam passen, wobei die Höhe der Mitgift eine nicht unerhebliche Rolle spielte. Das Eheleben der Frau, die oft schon mit 14 Jahren den Bund der Ehe eingehen musste, beschränkte sich fast ausschließlich auf den Haushalt und die Kinder, von denen meist jedes Jahr eines zur Welt kam. Viele Kinder starben allerdings bei der Geburt oder noch im Säuglingsalter. Auch die Müttersterblichkeit durch Kindbettfieber oder durch Folgen von Geburtskomplikationen war damals sehr hoch.
Eine Tochter von Rudolph von Köckeritz, Anna Catharina von Köckeritz, heiratete 1658 Christoph Heinrich von Schleinitz auf Grödel (1634–1710). Sie bekam in achtzehn Jahren Ehe zwölf Kinder: acht Söhne und vier Töchter. In der Zeithainer Kirche steht von diesem Ehepaar ein Sandsteindenkmal, auf dem beide in voller Größe dargestellt sind. Es ist eine der wenigen erhaltenen bildlichen Darstellungen einer Bewohnerin von Rittergut Promnitz.
Im Jahre 1699 starb Hans Adam von Köckeritz auf Promnitz ohne männlichen Nachkommen und so wurde seine Tochter Maria Magdalena die Erbin des Rittergutes.

Schloss Promnitz, um 1920.

Die Geschlechter von Lüttichau und von Wolffersdorff

Die Familie von Wolffersdorff verband sich nun mit dem alten meißnischen Geschlechts der Lüttichaus, die 1355 erstmals urkundlich mit Heinrich von Lutchwa (1642–1699) auf dem Stammsitz Großmehlen und dem Kauf des Schradenwaldes bei Ortrand erwähnt wurden. Das einzige Kind von Hans Adam von Köckeritz, seine Tochter Maria Magdalena von Köckeritz, hatte nämlich Hans Heinrich von Lüttichau-Zschorna (gest. 1694) geheiratet. Als ihr Vater 1699 auf Promnitz ohne männlichen Nachkommen starb, war auch ihr Gatte, Hans Heinrich von Lüttichau, bereits verstorben. Ihre einzige Tochter und Erbin von Promnitz, Magdalena Florentina von Lüttichau heiratete am 26. Februar 1706 in Dresden den Kursächsischen Oberstleutnant der Garde, Herr auf Bornsdorf in der Niederlausitz und späteren Kursächsischen Generalmajor der Kavallerie, Friedrich Albrecht von Wolffersdorff (geb. 1676). Er entstammte einer alten, aus Bayern eingewanderten Familie, deren Name mit Wolfersdorf bei Freising urkundlich 948 und mit der Gründung der Ortschaft Wolfersdorf bei Berga 1240 genannt wurde. Die Familie breitete sich im Vogtland und in der Niederlausitz mit zahlreichen Besitzungen aus.
Von 1704 bis 1707 nahm Friedrich Albrecht von Wolffersdorff an dem Feldzug gegen die Schweden in Polen teil, sodass die Heirat während des Krieges stattfand. Seine Frau Magdalena Florentina schenkte sieben Kindern das Leben, die alle auf Promnitz geboren und getauft wurden.
Das erste Kind war eine Tochter, Magdalena Albertina, geboren am 8. Dezember 1708 und am 28. Dezember getauft. Taufpatin war die Großmutter Maria Magdalena von Lüttichau (gest. 1717), geborene von Köckeritz auf Promnitz.

Die zweite Tochter Friederika Augusta, wurde ein Jahr darauf geboren und später nur einmal 1724 als Patin erwähnt, wahrscheinlich blieb sie unvermählt. Im Jahre 1710 kam wieder ein Mädchen, die dritte Tochter, Johanna Charlotta, auf die Welt und wurde am 5. Juni getauft. Patin war wiederum die Großmutter Maria Magdalena von Lüttichau. Das Kind starb aber schon nach wenigen Monaten am 5. April 1711.

Die 1713 gespendete Abendmahlskanne zur Geburt des ersten Sohnes.

Nach seiner Teilnahme am Feldzug gegen die Schweden in Pommern 1711/1712 wurde Friedrich Albrecht von Wolffersdorff am 14. August 1711 die vierte Tochter geboren, Wilhelmine Eleonora. Dann endlich, am 27. Mai 1713 erblickte der erste Sohn, Friedrich Gottlob von Wolffersdorff das Licht der Welt und wurde am 30. Mai getauft. Seine Mutter spendete aus Dankbarkeit für den gesunden, männlichen Nachkommen der Röderauer Kirche eine silberne Abendmahlskanne mit der Eingravierung „M. F. v. W. geb. v. L. 1713". Friedrich Gottlob von Wolffersdorff wurde später als Oberstleutnant mit dreißig Jahren am 25. August 1743 mit Henriette Johanna Charlotte von Klüx-Petershain (1715–1784), der Witwe Johann Christian II. von Schönbergs auf Zimpel, Tauer, Geißlitz und Halbendorf, vermählt. Der Ehe waren jedoch keine Kinder beschieden. Friedrich Gottlob von Wolffersdorff starb zu Zimpel am 3. März 1763 im Alter von fünfzig Jahren ohne Nachkommen zu hinterlassen.
1715 zog sein Vater, Friedrich Albrecht von Wolffersdorff, wieder gegen die aufständischen Polen ins Feld. Im gleichen Jahr wurde am 8. März 1715 die fünfte Tochter, Henriette Charlotte von Wolffersdorff, geboren. Sie starb unvermählt am 6. Februar 1796 in Großenhain. Bald darauf wurde Friedrich Albrecht 1716 Chef des bisherigen Kürassierregiments von Eichstädt. Als siebtes und letztes Kind kam am 10. August 1718 ein zweiter Junge, Heinrich Friedrich von Wolffersdorff, auf die Welt. Nach dem frühen Tod seines Vaters im Jahre 1730 ging er mit zwölf Jahren zunächst als Kammerpage an den sächsischen Hof. Dann wurde Heinrich Friedrich von Wolffersdorff Kammerjunker und 1743 Kammerherr von Kurfürst Friedrich August II. (1696–1763), der als August III., König von Polen, regierte. Als Kapitän der Armee und Kreiskommissar des Erzgebirgischen Kreises heiratete Heinrich Friedrich von Wolffersdorff 1747 Juliane Christiane von Birckholtz, verw. Marschall von Bieberstein. Sie wurde am

Friedrich Albrecht von Wolffersdorff, Gemälde von 1719.

11. Juni 1721 auf Kümmritz bei Luckau geboren. 1748 kaufte sie von ihrem väterlichen Erbe das Rittergut Leubnitz bei Werdau. Heinrich Friedrich von Wolffersdorff erbte 1763, nach dem frühen Tod seines älteren Bruders Friedrich Gottlob, dessen Rittergüter Tauer, Zimpel Geißlitz und Halbendorf in der Oberlausitz, die er aber seiner Schwägerin abtrat. Eine Abfindung ermöglichte ihm, seiner Frau das Schloss Leubnitz abzukaufen. Als Landkammerrat starb er hier im Jahre 1786. Durch seine fünf Kinder, vier Söhne und eine Tochter sicherte er den Fortbestand der Familie, deren Nachkommen bis in die Gegenwart reichen.

Kehren wir noch einmal zu seinen Eltern zurück. Ein Jahr nach der Geburt dieses jüngsten Sohnes Heinrich Friedrich von Wolffersdorff ließ sich sein Vater, Friedrich Albrecht von Wolffersdorff, 1719 für beide Söhne zweimal malen, wobei er in stolzer Pose mit hellbrauner Allongeperücke und rotem Rock über dem Brustpanzer abgebildet wurde. Beide Bilder befinden sich noch heute in Familienbesitz.

Kurfürst August der Starke plante in der Nähe von Promnitz eines der größten Spektakel der Barockzeit: das Zeithainer Lustlager. In diese gigantische Truppenschau wurde auch Promnitz einbezogen, welches als Aussichtspunkt für das Feuerwerk genutzt werden sollte. Die umfangreichen Vorbereitungen für dieses Fest nahmen Jahre in Anspruch, da Gebäude neu errichtet, Zelte genäht und eine umfangreiche Logistik durchgeplant werden mussten. Friedrich Albrecht von Wolffersdorff ließ auf Geheiß seines Kurfürsten für dieses Großereignis Schloss Promnitz im barocken Stil umbauen. Wahrscheinlich verkaufte er dafür 1723 seinen ererbten Besitz Bornsdorf in der Niederlausitz, um mit den freigewordenen Mitteln den aufwendigen Schlossumbau finanzieren zu können. 1730 war die Neugestaltung von Schloss Promnitz rechtzeitig zum Zeithainer Lager fertig und das Schloss konnte eine würdige Kulisse als Aussichtspunkt der gekrönten Häupter Europas dienen.

Schloss Promnitz in Zeiten des Barock

Der von Friedrich Albrecht von Wolffersdorff durchgeführte Umbau prägt bis heute das Aussehen von Schloss Promnitz. Der nach Süden neu erbaute Mittelteil über den alten Kreuzgewölberäumen besitzt zur Elbe hin acht Fenster, von denen drei zum Festsaal zählen und in korinthischen Pilastern gerahmt sind. Darüber erhebt sich ein Giebel mit ovalem Fenster, das oberhalb mit Ritterhelm und zwei zueinander zeigenden Schwertern verziert ist. Zum Hof befindet sich ein gleich verzierter Giebel, wobei sich unter ihm vier Fenster reihen, von denen die beiden mittleren größeren wiederum zum Festsaal gehören, der damit über die gesamte Tiefe des Mittelbaus reicht. Über den alten achteckigen Treppenturm, den eine schöne Turmuhr schmückte, ließ Friedrich Albrecht von Wolffersdorff eine barocke, runde Doppelhaube bauen. Das kleine niedrige, ebenerdige Renaissanceportal der Köckeritz im Treppenturm wurde geschlossen und der untere, nicht mehr benötigte Teil des Wendelsteins zugeschüttet. Stattdessen ließ von Wolffersdorff einen großzügigen Eingang hinter der Rückwand des Turmes errichten, der über eine breite, sechsstufige Freitreppe erreicht werden kann. Damit versuchte er dem repräsentativen, barocken Lebensgefühl zu entsprechen. Die zweiflügelige Rundbogeneingangstür war eingerahmt von zwei seitlich verkröpften Sandsteinpilastern, die ein mächtiges Allianzwappen, die Wappen der Familien von Wolffersdorff und von Lüttichau, trugen. Friedrich Albrecht von Wolffersdorff ließ es 1728 mit folgender Inschrift schmücken:

F. A. von Wolffersdorff und M. F. von Lüttichau
MDCCXXIIX.

Von diesem neuen Portal gelangt man zu einer kleinen Eingangshalle mit einer roten Kassettendecke, die den Wendelstein, die historische Schlossküche und den Gang zum Treppenhaus erschließt. Von der Diele wird über einen langen Flur mit fünf Stufen linksseitig das von Friedrich Albrecht von Wolffersdorff erbaute Treppenhaus mit seinen Sandsteinstufen erschlossen. Hier führte 1730 August der Starke seine Gäste hinauf, um mit ihnen an den Saalfenstern das nächtliche, imposante Feuerwerk auf der Elbe zu beobachten. Auch heute kann man diesen Weg noch so beschreiten, da sich das Schloss nach dem Umbau im Jahre 1728 bis heute kaum verändert hat. Von den großen, übereinander liegenden Dielen, deren Fenster zum Osten den Blick auf die Elbe wandern lassen, werden die beiden Stockwerke des alten Taupadel-Flügels erschlossen.

Das 1728 von Friedrich Albrecht von Wolffersdorff erbaute Barockportal mit den großen Wappen und gründerzeitlicher Haustür, vor 1945.

Ein mittelalterlicher, tiefer gelegener, ehemaliger Ausgang, der ebenfalls zur Hofseite liegt, wurde durch das neue Treppenhaus nicht mehr benötigt, und so ließ Friedrich Albrecht von Wolffersdorff auch ihn zumauern. Wenn man den ursprünglichen Stuck in Form eines gewölbten Bandes an der Decke betrachtet, bemerkt man, dass es in jedem Stockwerk des Taupadel-Flügels nur je ein sehr großes Zimmer gab. Später wurden diese großen Räume durch Zwischenwände unterteilt. Drei Fenster zeigen auf einer Seite zum Osten zur Elbe hin. Drei genau gegenüberliegende Fenster lenken den Blick zum Innenhof, und so konnte einst die Familie Taupadel hinüber zum Wohnflügel der Köckeritz sehen und umgekehrt. Beide Familien waren zu jener Zeit durch Einheirat eng miteinander verbunden.

Der seit 1728 bestehende Barockaufgang, rechts daneben das alte zugemauerte Renaissanceportal von 1603, Postkarte vor 1945.

Das Werk von Friedrich Albrecht von Wolffersdorff waren die Prachträume, die auf die Kreuzgewölberäume gebaut, alle zum Süden hin ausgerichtet sind, wobei der in der Mitte liegenden Saal das verbindende Herzstück des Schlosses bildet. Man erreicht ihn von der oberen Diele über einen kurzen Gang und zwei abwärts führenden Stufen. Durch drei tief herunter gezogene Halbrundbogenfenster sieht man direkt auf die Elbe und das gegenüberliegende Riesa, während auf der anderen Seite zwei gleichgroße Fenster zum Hof und zur Schlossauffahrt weisen.

An der gleichen Wand mit den Hoffenstern öffnet sich eine Flügeltür zu einer kleinen Diele. Über diese können über den Wendelstein wieder die beiden Etagen des Renaissanceflügels der Köckeritz erreicht werden. In diesem Gebäudeflügel ist die Anordnung der Räume in beiden Etagen identisch, die durch einen kleinen Vorflur erschlossen werden. Die Fenster der Wohnräume liegen in tiefen, zueinander geneigten Rundbogennischen und zeigen zum Westen und Norden. Kehrt man in den lichtdurchfluteten Saal zurück, fiel einst der Blick auf einen mächtigen und bis zur Decke reichenden weißen Meissner Kachelofen. Ursprünglich hatte sich hier jedoch ein Kamin befunden, der im 19. Jahrhundert durch den Kachelofen ersetzt worden war. Dieser Kachelofen ist durch Verkauf

Der Saal von Schloss Promnitz mit dem imposanten Kachelofen; zeitweise wurde hier sogar Wäsche aufgehangen, Zustand 2007.

des Vorbesitzers seit 2008 verloren. Links daneben öffnet sich wiederum eine Flügeltür, die zu einem Eckraum mit Fenstern zum Süden und Westen führt. Von hier geht der Bewunderer durch einen noch erhaltenen, steinernen Renaissancedurchgang zu einem weiteren Raum. Die beiden nach Westen zeigenden Fenster liegen, wie fast alle Fenster, in einer bogenförmigen Nische. Dieser Raum besitzt außerdem einen aus der Renaissancezeit stammenden Trägerteil unter der Decke auf dem zwei Bögen ruhen. Solche Konsolen sind in mehreren Räumen und im Wendelstein zu finden. Aus der gleichen Zeit stammt der niedrige Ausgang mit seinem in Sandstein gehauenen Türrahmen durch den wieder die Diele mit dem Wendelstein erreicht werden kann. Der Rundgang endet also auf dieser kleinen Diele zum Wendelstein hin, wie auch die dritte Flügeltür des Saales sich hierher öffnet. Nun können wiederum die Räume des Köckeritz-Flügels über die Wendeltreppe des Turmes erreicht werden. Steigt man die mit Holzdielen belegten Steinstufen ganz hinab, erreicht man wieder die Eingangshalle und den Ausgang.

Zeithain – ein uraltes Pfarrdorf

Der Ort Zeithain ist heute vor allem wegen des Zeithainer Lagers bekannt. Dabei wurde das Dorf bereits im Jahr 1237 mit dem Namen „Cytene“ als Pfarrdorf urkundlich erwähnt. 1406 war es in Besitz eines Heinrich von „Keckeritz“ (Köckeritz). Ab 1587 zählte Zeithain mit Nünchritz, Röderau und Moritz zum Rittergut Grödel. Ein alter Zeitungsausschnitt berichtet:

> *„Zeithayn, ein Pfarrdorf, den Grafen von Wolffersdorff zugehörig, ist wegen des Lustlagers berühmt, welches König August der Starke daselbst 1730 aufgestellt und fünf Millionen Reichstaler gekostet haben soll. Zum Andenken desselben sind Schaumünzen geschlagen und eine prächtige Vorstellung davon in Grundrissen und den dabey vorgefallenen Uebungen der Truppen in Kupfer gestochen. Auf dem Platze, welcher zu diesem Lager und zu den Bewegungen des Kriegsheeres gebraucht worden, sind sechs große Pyramiden errichtet.“*

Das Gebiet des Zeithainer Lagers blieb auch später aufgrund der günstigen ebenen Lage während des Kaiserreiches ein Truppenübungsplatz der sächsischen Armee. 1941 entstand ein Kriegsgefangenenlager für die Angehörigen der Roten Armee und für italienische Kriegsgefangene, von denen viele unter unmenschlichen Bedingungen starben. Die 1984 errichtete Gedenkstätte erinnert an die hier umgekommenen sowjetischen Soldaten.

Das Lustlager bei Zeithain

Es ist die Zeit des Barocks, und der sächsische Kurfürst Friedrich August I. (1678–1733), als August II. auch König von Polen, genannt August der Starke, orientierte sich ganz an dem glanzvollen Leben am Hofe des französischen Sonnenkönigs Ludwigs XIV., welchen er während seiner Kavaliertour kennengelernt hatte. August der Starke wollte seine Macht und Stärke mit einem außergewöhnlichen Spektakel präsentieren. So wurde das berühmte Zeithainer Lager im Juni 1730 eine gigantische Truppenschau seines Militärs, an der 27.000 Soldaten, Proviantknechte, Handwerker und tausende Hilfskräfte teilnahmen. Mit Stallbesichtigungen der wertvollsten Pferde und ihrer neu uniformierten Pfleger begannen die wochenlangen Manöverübungen und Paraden. Aber auch Feste, Opern- und Theateraufführungen und Gottesdienste umrahmten mit aller Prachtentfaltung dieses außergewöhnliche Ereignis. Denn August der Starke forderte, dass sein Fest alles bisher Dagewesene in den Schatten stellen

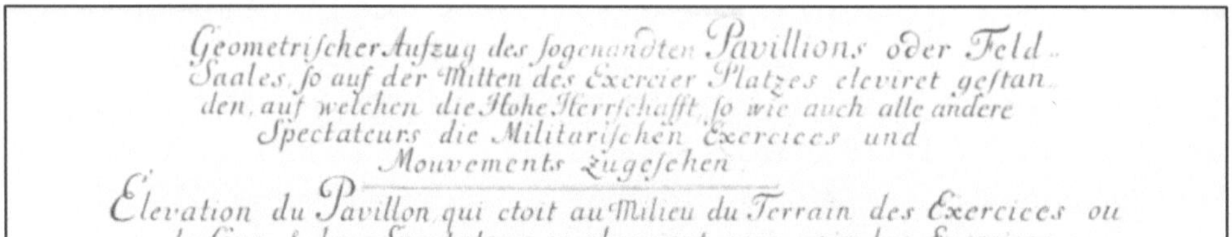

Plan eines Aussichtspavillons des Zeithainer Lustlagers, um 1730.

solle. Matthäus Daniel Pöppelmann (1662–1736), sein Architekt und der Erbauer des Dresdner Zwingers und vieler weiterer Prachtbauten, errichtete auf das abgesteckte und mit Obelisken markierte Terrain nicht nur Schlacht- und Backhäuser sondern vor allem schlossähnliche, hölzerne Beobachtungspavillons, ein Palais für den König und einen für die Damen, ja sogar ein Opernhaus bei Streumen. Die Musiker und Sänger wurden aus Italien verpflichtet und brachten mitten auf dem Feld in dem provisorischen Bau italienische Opern dar. Für eine Überraschung sorgte am 26. Juni der Riesenstollen, der etwa sieben Meter lang war und in einem eigens von Pöppelmann entworfenen Ofen gebacken wurde. Man brachte ihn auf einem Wagen mit acht Pferden ins Lager und schnitt ihn mit einem speziell angefertigten, riesigen Stollenmesser. Nachdem die ranghöchsten Gäste davon gekostet hatten, wurde der Kuchen an alle Soldaten verteilt. Viele Fürsten, Adlige und hohe Militärs waren zu diesem militärischen Schauspiel eingeladen. Sie wurden in den umliegenden Schlössern und den Prachtzelten untergebracht und reich beköstigt. So wohnte beispielsweise Markgraf Karl Wilhelm Friedrich von Brandenburg-Ansbach (1712–1757) auf Schloss Grödel.

August der Starke und Friedrich Wilhelm I., Ölgemälde von Louis de Silvestre (vor 1730).

Als krönender Abschluss wurde am letzten Abend ein gigantisches, fünfstündiges Feuerwerk an und auf der Elbe veranstaltet. Als Gast des Zeithainer Lagers war auch der preußische Soldatenkönig Friedrich Wilhelm I. (1688–1740) angereist. Er wurde von seinem 18-jährigen Sohn, dem späteren Friedrich II. (1712–1786), begleitet. August der Starke stand mit dem Preußenkönig und seinem Sohn an den weit geöffneten Fenstern des Saales von Schloss Promnitz, während die anderen hochrangigen Gäste an den daneben liegenden Fenstern und in den anderen Räumen von Schloss Promnitz standen und staunten. Friedrich Albrecht von Wolffersdorff, seine Frau Magdalena Florentina und seine Kindern erlebten das größte Ereignis, das in Promnitz jemals stattgefunden hat: Zwei Könige und ein Kronprinz standen in den Promnitzer Schlossräumen.

Kronprinz Friedrich von Preußen als junger Mann.
Er bereitete während des Zeithainer Lustlagers im Schloss Promnitz seine Flucht vor.
Gemälde von Antoine Pesne, um 1736.

Abends um neun Uhr begann endlich der absolute Höhepunkt – das Feuerwerk. Hierzu hatten 200 Zimmerleute gegenüber vom Promnitzer Schloss aus Holzstämmen und Leinwänden einen zweiflügeligen Palast als Feuerwerkskulisse gebaut. Der Holzpalast wurde von über 3.000 Lampen beleuchtet. Die bereitstehenden Kanonen und Mörser feuerten 25.000 Leuchtkugeln und 6.000 sprühende Raketen in den Himmel, außerdem wurden 24 Feuerräder abgebrannt.
Zum Abschluss des Zeithainer Lustlagers segelte bei Einbruch der Dunkelheit eine Flotte, die aus sechs Fregatten, neun Zweimastern, fünfzig kleineren Schiffen, einer Prunkgondel und vielen Musikkapellen bestand – alles aufs Herrlichste geschmückt und illuminiert – auf der Elbe an den königlichen Hoheiten an den Fenstern des Schlosses vorbei. Schließlich endete die ganze Pracht gegen zwei Uhr nachts mit einem gigantischen Wasserfeuerwerk.
Historische Bedeutung erlangte das Lustlager besonders durch einen während der Manövertage ausgetragenen heftigen Streit zwischen dem Soldatenkönig Friedrich Wilhelm I. und seinem Sohn, dem späteren Friedrich den Großen. Friedrich offenbarte in Schloss Promnitz während der Veranstaltung seinem Freund Hans Hermann von Katte (1704–1730) den Plan, seinem tyrannischen Vater zu entfliehen und nach Frankreich gehen zu wollen und begründete seinen Entschluss folgendermaßen: „*[...] weil mein Vater mich nicht wie einen Sohn, sondern wie einen Sklaven behandelt.*“ Die später tatsächlich durchgeführte Flucht missglückte und endete tragisch mit dem Tod Kattes.
Nach einer Jagd am nächsten Tag und mit reichlich genossenem Essen und Trinken traten die Gäste am 28. Juni nach einem mehrwöchigen Festgelage ihre Heimreisen an. August der Starke hat, wie es damals üblich war, Friedrich Albrecht von Wolffersdorff als Dank für die Gastfreundschaft ein Porträt von sich geschenkt. Dieses und auch das Bild von Friedrich Albrecht selbst hingen aber nur kurze Zeit im Saal zu Promnitz, da in der Silvesternacht des gleichen Jahres Friedrich Albrecht von Wolffersdorff ganz überraschend im Alter von 54 Jahren starb. Drei Jahre später lebte auch August der Starke nicht mehr. Die Obelisken, welche das Lagergelände bei Streumen und Glaubitz kennzeichneten, erinnern noch heute an dieses große und einmalige Barockspektakel.
Die beiden Söhne von Friedrich Albrecht von Wolffersdorff waren beim Tod ihres Vaters noch sehr jung; Friedrich Gottlob war gerade 17 Jahre und sein Bruder Heinrich Friedrich sogar erst 12 Jahre alt. Sie übernahmen den väterlichen Besitz nicht. Stattdessen kaufte 1731 ihre ältere Schwester Wilhelmine Eleonora von Wolffersdorff, gerade zwanzigjährig, aus der Erbmasse ihres Vaters das Rittergut Promnitz.

Die von Wolffersdorff auf Grödel

Ein Vetter von Friedrich Albrecht von Wolffersdorff war Carl Ludwig von Wolffersdorff, der am 15. Juni 1700 auf dem Rittergut Silberstraße (heute Stadtteil von Wilkau-Haßlau im Landkreis Zwickau) geboren wurde. Sein Bruder Heinrich Erdmann und er verloren ihren Vater im drauffolgenden Jahr, worauf der Oberst und spätere General Carl Erdmann von Bose, eine am Dresdner Hof einflussreiche Persönlichkeit, ihr Vormund wurde und ihn als Pagen ab 1715 an den Hofe Augusts des Starken und seines Sohnes Friedrich August II. (1696–1763) vermittelte. Carl Ludwig von Wolffersdorff gelang dort ein steiler Aufstieg – so hatte er mit 29 Jahren bereits die Ämter als Kammerjunker, Kammerherr, Oberforstmeister in Polen und Litauen, Oberlandfischmeister und Oberfloßdirektor inne.
Mit dem nur vier Jahre älteren Kurfürsten Friedrich August II. und dem gleichaltrigen und späteren Premierminister Heinrich Graf von Brühl teilte er besonders die Jagdleidenschaft. 1740 erlegte Carl Ludwig von Wolffersdorff mit dem Oberhofjägermeister Carl Gottlob von Leubnitz (1667–1741) den letzten Wolf in der Laußnitzer Heide. Zur Erinnerung ließen die beiden Jäger dort das heute noch erhaltene Wolfsmonument mit einem sitzenden Wolf in Lebensgröße erbauen, welches auf einem hohen Sockel mit entsprechenden Inschriften steht.
Inmitten der Hofgesellschaft nahm Carl Ludwig von Wolffersdorff 1730 auch am Zeithainer Lager teil und lernte dadurch das Rittergut Grödel kennen, das er später erwarb. Am 28. Februar 1740 heiratete Carl Ludwig von Wolffersdorff in Dresden Maria Elisabeth Gräfin von Waldstein, das erste Kammerfräulein der sächsischen Kurfürstin und Königin Maria Josefa (1699–1747), Tochter des österreichischen Kaiser Joseph I. Die Grafen von Waldstein sind ein altes böhmisches Herrschergeschlecht und wurden mit ihrer Stammburg Waldstein bei Turnau 1159 erstmalig erwähnt. Maria Elisabeth von Waldstein wuchs als Tochter des kaiserlichen Rates und Oberlandeshauptmanns Leopold Wilhelm Graf von Waldstein in Schlesien und am habsburgischen Hof in Wien auf. Ihr Gatte Carl Ludwig von Wolffersdorff wurde 1741 durch den Kurfürsten Friedrich August II. und dem Reichsvikar in „des Heiligen Römischen Reichs alten Grafen-Stand“ erhoben. Einige Jahre später kaufte er als repräsentativen Wohnsitz das Rittergut Grödel.
Grödel wurde erstmalig 1324 mit „Aspecz genannt Gredil“ urkundlich als Herrensitz erwähnt. Der Name „gredil“ ist altsorbischen Ursprungs und bedeutet

so viel wie „Holzbalken, -welle oder –walze". Der Ortsname nimmt damit auf einen Holzbau Bezug, wohl ein Wellgerüst an der Elbe. In dem Ort, der mehrmals seinen Namen wechselte (1425 Grodil, 1529 Gredel bzw. Grödel), bildete sich ein Rittergut heraus. Ab 1464 saß das Geschlecht der Schleinitz hier. 1575 wurde ein Haubold von Schleinitz erwähnt; er ließ 1577 das Herrenhaus neu erbauen. 1579 wurde Grödel schriftsässiges Gut. 1609 stellte Haubold von Schleinitz zur Verteidigung 49 Mann: neun mit Federspießen, 23 mit Hellebarden und 17 mit Knebelspießen.
Nachdem das Rittergut mit sechs Drescherhäusern lange brach lag, endete 1715 hier die mehr als 250 Jahre dauernde Herrschaft der Schleinitz. Christoph Heinrich von Schleinitz, der letzte männliche Besitzer dieses Namens, übertrug das Rittergut seiner Schwester Eva von Benkendorf, geborene von Schleinitz, deren Tochter mit einem von Lüttichau verheiratet war. Danach wurde ihre Enkelin Augusta Sophia von Lüttichau mit diesem Mannslehngut belehnt. Der Ort Grödel hatte zu dieser Zeit etwa 30 Einwohner. Das Rittergut besaß 1721 außerdem eine Schiffsmühle an der Elbe.
Bereits im Jahre 1702 begannen die Planungen und Voruntersuchungen für den Ausbau eines Floßkanals von dem Ort Moritz bei Grödel bis Elsterwerda mit

Das heute nicht mehr existierende Schloss Grödel, Lithografie um 1850.

fast zwanzig Kilometern Länge, die Carl Ludwig Graf von Wolffersdorff begleitete. Dieser Floßkanal war der längste in Sachsen und sollte u. a. eine Belieferung Dresdens und Meißens mit Holz aus dem Schradenwald sicherstellen. Als 1741 das stark verschuldete Rittergut Grödel versteigert wurde, erwarb es 1745 der jetzige „Oberfloßdirektor" Carl Ludwig Graf von Wolffersdorff. Er ließ das schlichte Schlossgebäude mit neuer barocker Architekturmalerei verschönern und schmückte das Hofeinfahrtstor mit dem gräflichen Wappen.

Carl Ludwig Graf von Wolffersdorff, der mit seiner Hand auf den höchsten russischen Orden, den St. Andreas-Orden, weist. Gemälde um 1735.

Der 1740 begonnene Kanalbau wurde von ihm 1748 fertig gestellt. Dadurch begünstigt, entwickelte sich der Ort Grödel beträchtlich und die Einwohnerzahl stieg auf 240. Im Ort wurde beständig gebaut: zwei Schiffsmühlen, eine Windmühle, eine Zuckerfabrik, sowie Kalk- und Ziegelöfen bildeten die Grundlage für das sich ansiedelnde Gewerbe. 1774 starb Carl Ludwig von Wolffersdorff kinderlos und wurde mit seiner Frau in der Gruft unter dem Turm der Zeithainer Kirche bestattet. Ein an der Wand stehendes Epitaph erinnert an sein Leben.

Seine beiden Neffen Hans Dietrich Gottlob von Wolffersdorff auf Kleinwaltersdorf und sein Bruder Christian Heinrich Gottfried von Wolffersdorff erbten das Rittergut Grödel mit dem Vorwerk Zeithain und dem Stadtpalais in Dresden. Etwa zur gleichen Zeit erwarb Hans Dietrich Gottlob von Wolffersdorff noch Fichtenberg mit dem Vorwerk Kleintrebnitz. Am 18. Oktober 1775 wurde Charlotte Amalie Auguste von Metzsch seine Frau, die aus einem meißnisch-vogtländischen Adelsgeschlecht stammte, das 1238 mit Gotscalcus von Polnicz erstmalig erwähnt wurde und sich nach dem ererbten Dorf und Sitz Mesitz bei Neustadt an der Orla nannte. Aber Hans Dietrich Gottlob starb am 28. Juni 1785 nach zehnjähriger Ehe mit 56 Jahren und hinterließ zwei kleine Kinder: Tochter Charlotte Henriette von Wolffersdorff, die am 29. Oktober 1780 auf Grödel geboren wurde, und seinen Sohn Hans August von Wolffersdorff, geboren am 22. Juni 1777 noch zu Kleinwaltersdorf, welches kurz darauf verkauft worden war.

So wurde Hans August von Wolffersdorff mit acht Jahren Erbe von Grödel. Er heiratete 1798 Christiane Juliane Augusta von Zobel. Sie schenkte ihrem Mann auf Grödel sieben Kinder, von denen drei das Kindesalter nicht überlebten.
Der älteste Sohn, Hans August II., nach seinem Vater benannt, wurde am 28. November 1799 geboren. Er heiratete Adelaide von Erdmannsdorff. Als Königlich Sächsischer Hof- und Justizrat übernahm Hans August II. die Herrschaft Grödel und stiftete die große Glocke der Zeithainer Kirche mit der lorbeerumrankten Inschrift: „*Hans August von Wolfersdorf, Collator, 1825.*"
Das Herrenhaus ließ er um- und anbauen. Dieses neue Aussehen behielt es hundert Jahre fast unverändert bis zu seiner Sprengung im Jahr 1948.
Nachdem sein jüngster Bruder Hans Otto von Wolffersdorff am 17. Januar 1808 geboren wurde, starb der Vater Hans August I. von Wolffersdorff noch im gleichen Jahr nach zehnjähriger Ehe am 8. September 1808. Auf seinen ausdrücklichen Wunsch hin wurde er als erster auf dem lang gemiedenen, im Jahre 1637 entstandenen Pestfriedhof bei Zeithain bestattet. Seine Witwe starb am 2. Juni 1843 in Dresden. Grödel wurde zwei Jahre später, am 22. März 1845, an den Amtsverwalter Friedrich Gottlob Roßberg verkauft, der mit seinen Nachkommen das Rittergut bis 1899 besaß. Danach ging es in die Hände der Familie Harz über, die 1945 entschädigungslos enteignet wurde und Grödel verlassen musste. Zunächst diente das Herrenhaus als Wohnhaus für Flüchtlinge und Vertriebene. Das Holz des Herrenhauses wurde entnommen, um kleine Bauernhäuser und Ställe zu bauen. Um auch den feudalen adligen Eindruck zu beseitigen, wurde das noch intakte Schlossgebäude 1948 gesprengt und ist heute völlig verschwunden.

Die Kaminplatte ist als einziges Inventar von Schloss Grödel erhalten geblieben – darauf die Wappen der Grafen von Waldstein und Wolffersdorff.

Barockes Detail eines Pilasters an der elbseitigen Fassade von Schloss Promnitz, 2017. Die angedeuteten Säulen waren im 18. Jahrhundert vermutlich farblich gefasst.

Das Adelsgeschlecht von Thielau

Am 24. Mai 1602 wurde die Familie von Thielau in den böhmisch-ritterlichen Adelsstand erhoben. Gottlieb von Thielau (1626–1672) war verheiratet mit Blandina Krebs von Romnitz (1636–1689). Der älteste Sohn der Familie, die im Fürstentum Liegnitz ansässig war, wanderte nach dem Tod der Eltern in die Niederlausitz aus, wo er 1692 Neu-Döbern mit Rettchendorf für 10.100 Taler erwarb. Der kaiserliche, dann später sächsische Generalmajor Florian Gottlob von Thielau begründete seine Übersiedlung in einem Schreiben vom 11. März 1692 damit, „*weil man in Schlesien wegen der Lutherischen Religion sehr verfolgt wird und sich der Reformation stets besorgen muß und weil in jenem Fürstentum aber nicht allein eine Kirche nach der anderen, sobald der Evangelische Pfarrer verstürbe, gesperrt würde, sondern auch bereits ein Rescript oder Anordnung vorhanden seyn sollte, vermöge welcher die Kinder, derer Evangelischen nach Absterben ihrer Eltern Catholisch erzogen werden sollten*". Die Konfessionsunterschiede spielten damals noch eine wichtige Rolle. Seine Frau Anna Judith von Siegroth starb bereits 1705, während Florian Gottlob von Thielau ihr 1708 nachfolgte. In der Erbfolge blieb Neu-Döbern im Besitz der Familie, bis der letzte Thielau, Carl Otto, der mit seiner Cousine Sofie Auguste verheiratet war, es seiner Tochter Sophie von Thielau vererbte, die es in die Familie ihres Mannes Alfred Graf von Pourtalee einbrachte.

Der zweite Sohn von Gottlieb von Thielau und Blandina Krebs war Hans Gottlieb von Thielau. Er wurde ebenfalls 1662 in Kroitsch (Schlesien) geboren und verstarb am 17. Januar 1723 auf Lampertswalde. Er hatte 1694 Charlotte Elisabeth von Schönberg (1670–1730) geheiratet, die ihm zwei Söhne schenkte. Sie

Schloss Leuben bei Oschatz, welches über Jahrzehnte dem Verfall preisgegeben war, ist heute durch den Schlossverein gesichert und damit gerettet. Lithografie von J. A. Williard um 1833.

verstarb am 7. Juli 1730 in Lampertswalde. Ihre beiden Söhne heirateten beide auf Promnitz zwei Töchter des Friedrich Albrecht von Wolffersdorff. Die am 8. Dezember 1708 auf Promnitz geborene Magdalena Albertina von Wolffersdorff wurde die Ehefrau von Hans Rudolf von Thielau auf Leuben bei Oschatz, wo das junge Paar lebte. Er war der ältere Sohn des schon genannten Hans Gottlieb von Thielau.

Magdalena Albertina von Wolffersdorff wählte aus der Erbschaft ihres verstorbenen Vaters unter anderem ein Bild ihres unverheirateten Onkels Hans Albrecht von Wolffersdorff, das auf ovaler Kupferplatte gemalt war und Hans Albrecht in ähnlicher Pose wie seinen Bruder Friedrich Albrecht zeigte. Das Bild soll noch lange in Schloss Leuben gehangen haben. Hans Rudolph von Thielau nahm nach drei Feldzügen 1746 als Oberst seinen Abschied, um Geheimer Kriegsrat zu werden. 1755 starb er im gleichen Jahr wie sein Bruder, wodurch die Schwestern Wolffersdorff zur gleichen Zeit Witwen wurden. Im Schloss zu Leuben befand sich lange Zeit ein Ölportrait von Magdalena Albertina, welches von einem Maler mit dem Kürzel „I. L.Beck“ gemalt wurde, mit der Beschriftung: *„Magdalena Albertina von Thielau geb. von Wolffersdorff Witbe ao 1755“*.

Schloss Lampertswalde wurde nach 1945 abgerissen. Heute gibt es in der wiederhergestellten historischen Parkanlage im Gärtnerhaus ein Café. Postkarte um 1940.

Die um drei Jahre jüngere Schwester, Wilhelmine Eleonora von Wolffersdorff (1711–1784), heiratete am 19. April 1735 den Oberstleutnant Carl Gottlieb von Thielau (1699–1755) auf Lampertswalde. Das Ehepaar lebte auf Promnitz, das nun fast hundert Jahre im Besitz der Thielaus bleiben sollte. Carl Gottlieb von Thielau erbaute am Taupadel-Flügel ein langes Stallgebäude, welches noch heute steht. Im Schlussstein am Hoftor waren seine Initialen „C. G. v. T. 1746" eingemeißelt.

Erst am 28. September 1748 kam nach dreizehn Ehejahren ihr Sohn Rudolph Traugott von Thielau zur Welt. Carl Gottlieb von Thielau kämpfte anschließend im polnischen Krieg als Major, wo er mit 80 Dragonern auf dem Wege nach Warschau auf eine polnische Übermacht stieß und unterlag. Er konnte jedoch lebend mit sieben schweren Wunden und gelähmtem rechten Arm geborgen werden und wurde in einer Sänfte nach Lampertswalde getragen. Daraufhin verlieh ihm Friedrich August II. 1750 den Rang eines Generalmajors. Nach fünf Jahren starb Carl Gottlieb von Thielau auf Lampertswalde am 7. August 1755 mit 55 Jahren an „Schlagfluss."

Detail am Fenstergitter links neben dem barocken Eingang mit den Initialen R & P (Rittergut Promnitz), 2017.

Wilhelmine Eleonora von Thielau überlebte ihren Mann um fast dreißig Jahre, bis auch sie auf „ihrem“ Promnitz am 14. Februar 1784 mit fast 73 Jahren starb. Dadurch hat sie nicht mehr die „Große Flut“ erlebt, die vierzehn Tage später einsetzte und verheerende Schäden in Sachsen hinterließ. Aus dem Kirchenbuch des Jahres 1784 ist folgender Sterbeeintrag von Wilhelmine Eleonora von Thielau erhalten:

> *„Die Hochwohlgeborene Frau Wilhelmine Eleonora, des weiland Hochwohl geborener Herrn Carl Gottlieb von Thielau, Erb-Lehn- und Gerichtsherrn auf Lampertswalde, Zeusewitz, Sörnewitz und Mula, Sr. Königl. Maj. von Polen und kurfl. Durchl zu Sachsen hochbestallt gewesener General-Majors der Cavallerie hinterlassene Frau Witwe, Erb- Lehn- und Gerichts-Frau auf Ober und Niederpromnitz geb. von Wolffersdorff, starb in den Herrn den 14ten Februar 1784 früh um 4 Uhr auf Haus Promnitz, ward den 17ten nach Lampertswalde in ihr Familien Begräbnis abgeführtes und daselbst beigesetzt, ihres Alters 72 Jahr und 6 Monate. Ward in Röderau und auch mit Einwilligung des Hr, Collatoris allhier in Zeitheyn 14 Tage ausgeläutet.“*

Die von Thielaus auf Promnitz

Doch zurück nach Promnitz. Der Sohn von Carl Gottlieb von Thielau und seiner Frau Wilhelmine Eleonore von Wolffersdorff, Rudolph Traugott von Thielau (1748–1815), war Erb-, Lehn- und Gerichtsherr auf Promnitz und heiratete als Major bei der Garde d`Corps Christiana Carolina Amalie Reichsgräfin von Seydewitz (geb. 1768). Sie stammte aus einem Geschlecht, das, laut Wappensage von Grässe, schon mit Karl Martell in der siegreichen Schlacht bei Tours gegen die Mauren erwähnt ist, weshalb die Familie drei Mohren im Wappen führt. Die Familie trat urkundlich erstmalig mit Albertus de Sydewicz am 12. Mai 1299 in Erscheinung und benannte sich nach dem Ort Seydewitz an der Elbe in der Mühlberger Pflege.

Christiana Carolina Amalie von Thielau wurde später als Patin des Hans Julius von Wolffersdorff genannt, der am 3. Juli 1803 als Kleinkind verstarb. Er ist eines der drei früh verstorbenen Kinder des Hans August von Wolffersdorff auf Grödel. Die Patenschaft zeigt, wie eng die Verwandtschaft zwischen Thielaus und den von Wolffersdorffern bestand und wie Beziehungen gepflegt wurden.

Auf Promnitz kam am 6. Januar 1787 um sieben Uhr früh Henriette Amalia von Thielau, das erste der vier Kinder von Rudolph Traugott von Thielau und Christiana Carolina Amalie auf die Welt und wurde am 11. Januar auf Promnitz getauft. Als Paten werden Carl Gottlob von Thielau auf Lampertswalde und Amtshauptmann Gotthelf Friedrich von Thielau auf Leuben genannt. Henriette Amalia wurde nur zwei Jahre alt. Im Kirchenbuch ist vermerkt: *„Am 19. a.c.t. 1789 abends 2 Uhr ward in hiesiger Kirche beigesetzt den 22ten, alt 2 Jahr, 8 Monate und 25 Tage“.* Von ihrer Beisetzung in der Zeithainer Kirche ist außerdem folgender Text über die Wahl ihrer Grabstätte überliefert:

> *„Da die Promnitzer Gruft, welche unter den Weiberstühlen, die linke Hand des Chores sind, sich befindet, nicht geöffnet werden konnte, im innersten zu befürchten, dass die ganze Kirche mit üblen Ausdünstungen hätte erfüllt werden können, so ward ein Stein mitten im Gange aufgehoben, und diese Leiche in eine besondere Gruft eingemauert. Nun mehr aber ist kein Platz zu einer Leiche in der Kirche, innersten alles voll Todtes Gewölbe ist. Es ward ihr allhier mit Bewilligung hiesiger Gerichts Herrschaft acht Tage geläuten.“*

Ein Jahr später kam wieder eine Tochter, Wilhelmina Charlotte von Thielau, am 22. Mai 1788 auf Promnitz zur Welt. Sie wurde mit 19 Jahren mit Thim Adolph

Gottlob von Preuß, Königlich sächsischer Kammerjunker und Kammerherr und Sohn des Herrn Thim Heinrich Adolf von Preuß, am 23. November 1807 zu Leuben vermählt. Ein weiteres Kind, wieder ein Mädchen, so erzählt eine Legende, ist bis heute der Geist des Hauses von Schloss Promnitz. Durch Krankheit verkrüppelt, wurde es versteckt und lebte ohne einen Mädchennamen; man nannte sie nur „das Krüppelchen", bis sie im fünfzehnten Lebensjahr starb.
Das nächste Kind wurde endlich der ersehnte Sohn: Carl Wilhelm Curt von Thielau erblickte am 13. Mai 1791 zu Promnitz das Licht der Welt. Seine spätere Ehefrau Henriette Wilhelmina Gruhn aus Dresden schenkte ihm zwei Töchter: Maria Henriette Amalia von Thielau, die am 22. August 1816 zur Welt kam und ein Jahr darauf Ida Marianne Wilhelmina, die am 30. August 1817 geboren wurde. 1832 starb der Vater Carl Wilhelm Curt von Thielau auf Promnitz ohne männliche Erben, worauf das Rittergut von seiner Witwe im gleichen Jahr verkauft wurde. Weil auch der Vetter keine Erben hinterließ, starb die Familie Thielau in männlicher Linie aus. Friedrich Florian von Thielau auf Lampertswalde heiratete die Engländerin Mary Florence Wearing. Kinderlos starb auch er im Mai 1896 als letzter Namensträger. Erbin war seine Schwester Louise von Pflugk (1849–1920). Ihr Sohn Otto von Pflugk (1868–1927), Königlich Sächsischer Kammerherr, vererbte seinen beiden Töchtern Marie Louise von Zeschau (1901–1979) und Erika von Nagell (1905–1993) jeweils die Güter Lampertswalde und Cottewitz sowie Leuben zu gleichen Teilen. 1945 erfolgten die Enteignungen aller Güter und die Vertreibung ihrer Besitzer.

Der nach dem Zweiten Weltkrieg abgerissene Torbogen von Schloss Promnitz, um 1940.

Promnitz im 19. Jahrhundert

Im 19. Jahrhundert gelangte das Rittergut durch Erbschaft und Heirat an adlige und bürgerliche Familien, wobei sich auch die Einwohnerzahlen erhöhten.

1764 In Promnitz wurden 14 Häusler gezählt.

1808 Es gab acht Untertanen (also auch Familienväter), eine Schenke, fünf Erbhäuser und ein Erbhaus mit Gärtchen.

1813 Am 29. September kam es in diesem Kriegsjahr zu unerfreulichen Plünderungen durch die Avantgarde des preußischen von Blücherschen Corps, das zwischen Zeithain und Röderau lagerte.

1818 Die Fähre gelangte in den Besitz des Rittergutes Promnitz.

1821 Die Thielaus erbauten einen Elbschutzdamm, der bis zum Hochwasser 2001 hielt. Eisgang und schwere Überschwemmungen durch die Elbe hatten die Bewohner von Promnitz oft wochenlang von den Nachbarn abgeschnitten. Promnitz zählte 60 Einwohner.

1832 Drei Besitzer kauften gemeinsam das Rittergut Promnitz: die Brüder Heinrich und Karl August Rittner auf Merzdorf bei Riesa, Julius Maximilian Starke auf Canitz und Heinrich Alexander Schönberg auf Koselitz.

1834 Damals zählte Promnitz 110 Einwohner. Eine Statistik berichtete, dass sich 1840 die meisten der 120 Einwohner in den neun Häusern durch Schifffahrt ernähren konnt0en. In diesem Jahr wurden 26 Schulkinder gezählt. Zwei Hausbesitzer hatten das Recht einer Kahnfähre. Als Handwerker lebten hier ein Schneider, ein Fleischer und ein Maurer. Die Ackerböden waren sehr fruchtbar, es gab eine Schäferei und eine Branntwein-Brennerei. Ein Bericht aus dieser Zeit lautet: *„Alle Gebäude sind im guten Zustand und das herrschaftliche Wohnhaus, das aus zwei Gebäuden mit Zwischenbau besteht, macht einen guten Eindruck und ist ein reizvoller Anblick besonders zur Elbe hin vom gegenüberliegenden Riesa. Die Aussicht von der vor dem Schloss befindlichen Terrasse an der Elbe ist besonders im Sommer anziehend und erheiternd."*

1860 Julius Maximilian Starke war alleiniger Herr auf Promnitz. Er war verheiratet mit Clementine von Watzdorf (1806–1851) aus dem Hause Berga. Das thüringische Geschlecht, erstmals sicher belegt 1261, nannte sich nach dem Dorf Watzdorf bei Rudolstadt. Stammsitze waren Altengesees und Lothra. 1593 erwarb Daniel von Watzdorf Schloss Berga/Elster. Der von ihm begründete Familienzweig erlosch 1870.

Die Kirchen von Röderau

Das Rittergut Promnitz gehört zur Kirchgemeinde Röderau. Der Ort, der früher auch Rederau geschrieben wurde, ist mit Heithenricus de Retherowe 1186/90 erstmalig erwähnt worden. Schon im Jahre 1186 stand hier ein Kirchlein aus Holz, das als Außenstelle des Klosters Riesa diente. Als es baufällig wurde, errichtete man 1738 eine neue Kirche. Doch schon knapp fünfzig Jahre später, am 29. Februar 1784 wurde sie wieder zerstört, als die „große Eisflut" der Elbe einsetzte, die in dem kältesten Winter seit 500 Jahren zu einer Naturkatastrophe wurde. In Island herrschten damals die schlimmsten Vulkanausbrüche seit Menschengedenken und die riesigen Aschewolken ließen auch in Mittleeuropa monatelang keine Sonne durch. Dadurch fror die Elbe wochenlang komplett zu. Als dann bei plötzlich einsetzendem Tauwetter das stündlich steigende Hochwasser mit den reißenden Eisschollen alles Land überflutete, wurde auch die kleine alte Kirche von Röderau mitgerissen – den Altar fand man sogar elbaufwärts an einer Brücke.

**Die alte Kirche zu Röderau von 1738 könnte so ausgesehen haben.
Federzeichnung von Christian Kreß.**

Nun wurde 1787, drei Jahre später, auf höherer und sicherer Stelle wieder eine neue Kirche aus Stein für Röderau errichtet, die auch heute noch steht. Die Familien Starke und Grafen von Schimmelmann besaßen auf dem Röderauer Friedhof eine Familiengruft. Röderau bestand 1840 aus sieben Bauerngütern und zwölf Häusern, einer Windmühle und einer Ziegelscheune. Unter den 150 Einwohnern waren Handwerker, wie ein Schmied, ein Wagner, Leinweber, einige Maurer und Zimmerleute. Durch mehrere Feuersbrünste, teils durch Blitzschlag oder teils freventlich gelegte Brände wurde der Ort mehrmals schwer getroffen.

Schloss Promnitz mit Eisgang in der Elbe, um 1970.

Die Kirche von Röderau, Stich von 1787.

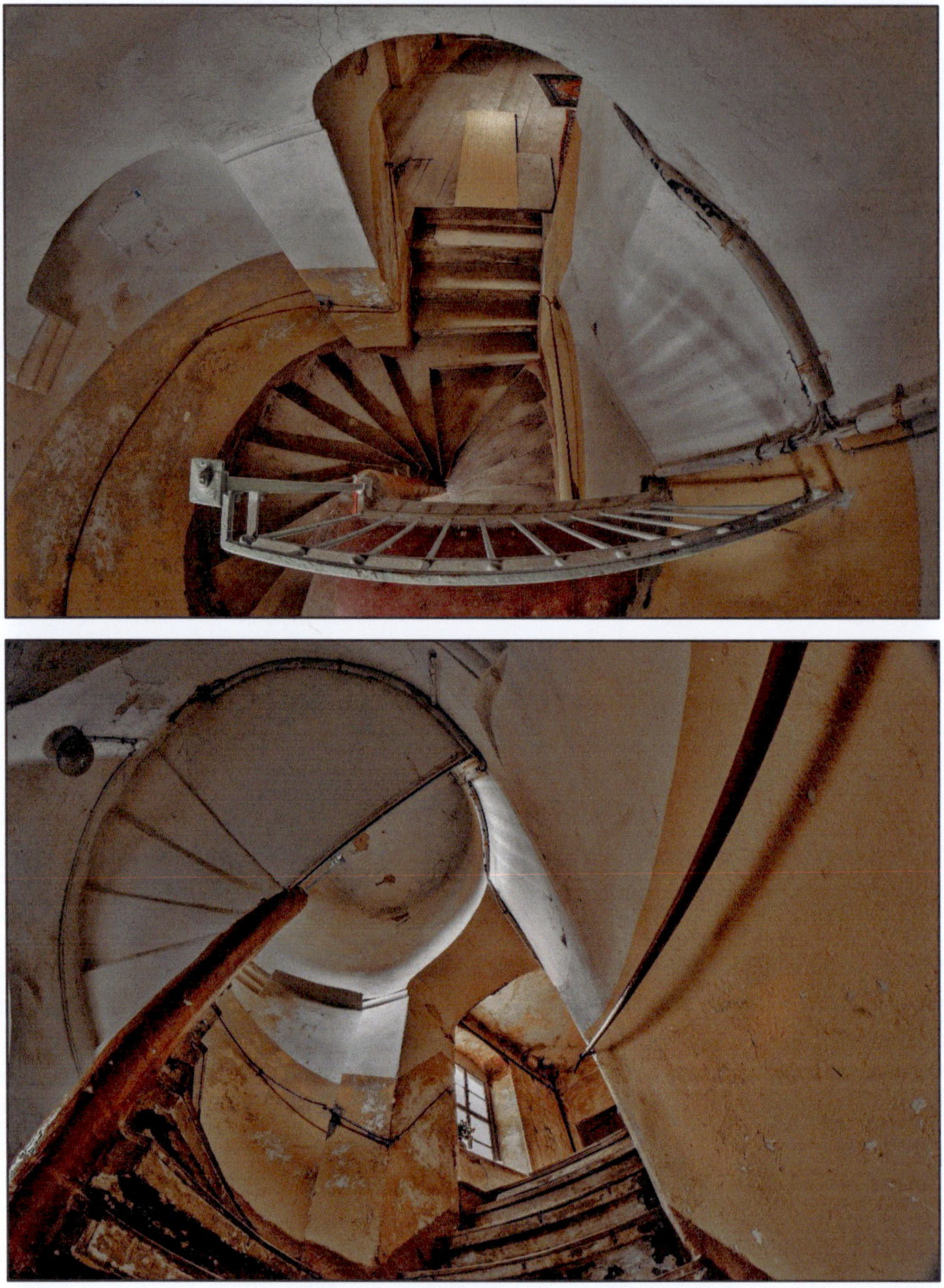

Der Wendelstein von Schloss Promnitz, Zustand 2015.

Die Grafen von Schimmelmann
(1860-1873)

Die Stammreihe der Familie von Schimmelmann beginnt mit Nikolaus Schimmelmann aus Bützow in Mecklenburg, der 1632 in Rostock das Bürgerrecht erhielt. Der Sohn des Kaufmanns und Ratsherrn Diedrich Jakob Schimmelmann (1683–1743) und seiner Frau Esther Elisabeth Ludendorff (1684–1795), Heinrich Carl von Schimmelmann (1724–1882), erblickte am 13. Juli 1724 in Demmin das Licht der Welt. Er war mit Caroline Tugendreich Friedeborn verheiratet und starb in Kopenhagen am 16. Februar 1782. Als junger Kaufmann war er in Dresden erfolgreich, indem er mit Stoffen, Lebensmitteln und Gewehren für die Armee handelte und damit den Grundstock für den Reichtum der Familie Schimmelmann legte. Während des Siebenjährigen Krieges (1756–1763) wurde Heinrich Carl von Schimmelmann Geheimrat und preußischer Getreidelieferant des Heeres, worauf er in Hamburg ein Handelshaus eröffnete.
Als die preußischen Truppen zu Beginn des Krieges in Sachsen einmarschieren, beschlagnahmte man als erstes die Kasse der Manufaktur Meißen mit 500 Talern. Gleichzeitig wurden die besten Stücke aus dem Lagerbestand an Meißner Porzellan auf Befehl für den Preußenkönig Friedrich II. herausgesucht und nach Berlin geschafft. Die Manufaktur wurde geschlossen und das konfiszierte Warenlager im Schätzwert von 300.000 Talern Heinrich Carl von Schimmelmann zum Kauf angeboten. Das brachte die Fabrik fast an den Rand des Ruins. Da Schimmelmann aber nur Waren im Wert von 120.000 Talern verkaufen konnte, wurde ein Konsortium gebildet, das den Verkauf der Formen und Maschinen nebst Arbeitern an den höchst interessierten Berliner Porzellanfabrikanten Wilhelm Caspar Wegely (1714–1764) verhindern konnte. So war es Heinrich

Carl von Schimmelmann zu verdanken, dass es der Manufaktur gegen eine Pacht erlaubt wurde, die Fabrikation in Meißen weiterzuführen.
Als Stammsitz erwarb Heinrich Carl von Schimmelmann im Jahre 1759 Schloss und Gut Ahrensburg in Holstein. Zur gleichen Zeit, am 16. April 1759, erhielt er im Amt eines Königl. Dänischen Schatzmeisters die Adelserhebung in den dänischen Lehnsgrafenstand. Am 24. April 1779 wurde er Lehnsbaron bei dem Kauf von Schloss Lindenborg in Nordjütland.
Durch den umstrittenen Sklavenhandel, Handel mit Kattun, Waffen und Alkohol zählten die Schimmelmanns zeitweise zu den reichsten Familien Europas. Als Heinrich Carl von Schimmelmann 1782 starb, hinterließ er von sieben noch fünf lebende Kinder. Sein ältester Sohn Ernst Heinrich Graf von Schimmelmann, geboren in Dresden am 4. Dezember 1747 und in Kopenhagen gestorben, heiratete die aus Norwegen stammende Charlotte Schubart (1757–1816). Ernst Heinrich wurde dänischer Finanzminister und erließ 1792 sofort ein Sklavenhandelsverbot, als sich der Handel mit Sklaven in Dänemark nicht mehr lohnte. Zeitlebens pflegte das Ehepaar Schimmelmann eine enge Freundschaft mit Charlotte und Friedrich von Schiller. Deshalb erhielt deren zweiter Sohn den Vornamen seines Paten Ernst von Schimmelmann Josef Friedrich Carl, Lensgreve von Schimmelmann, der später Königlich Dänischer Kammerherr und Hofjägermeister wurde. Am 12. November 1787 in Hamburg geboren, heiratete er Fanny Sophie Freiin Blücher und starb auf Ahrensburg am 6. Januar 1833.
Ihr Sohn Carl Christian Gustav „Greve" von Schimmelmann wurde am 9. August 1830 auf Ahrensburg geboren und ist in Hagen bei Hamburg am 26. Juli 1901 gestorben. Er heiratete auf Promnitz die Erbin des Rittergutes Promnitz Elise Clementine Starke und war damit der erste Schimmelmann auf Promnitz. Seine Frau war hier am 10. Juli 1836 als mittlere von drei Töchtern des Julius Starke und Clementine von Watzdorf geboren worden und starb im Alter von 84 Jahren am 24. November 1920 auf Ahrensburg. Elise Clementine schenkte als Gräfin von Schimmelmann drei Söhnen das Leben.
Der erste Sohn Ernst Joseph von Schimmelmann kam 1859 auf Promnitz zur Welt. Er war königlich preußischer Generalleutnant und starb 1931. Sein Bruder Fritz Albert Heinrich wurde am 14. August 1861 ebenfalls auf Promnitz geboren und starb auf Möckern als Oberstleutnant a. D. 82-jährig am 18. März 1943. Er hatte am 2. Mai 1895 Marie Therese Anna Elsa (1861–1950), die Tochter des Kammerrats und Rittergutsbesitzers Julius Wilhelm Freiherr von Fuchs-Nordhoff, geheiratet. Das junge Paar lebte auf Schloss Möckern, da Promnitz bereits 1873 an die Familie Rudolph verkauft wurde. Als der Vater Julius Wilhelm

von Fuchs-Nordhoff 1895 starb, ging Gut und Schloss Möckern in den Besitz der Familie von Schimmelmann über.
Schimmelmann zählte mit einem Privatvermögen von 11 Millionen Goldmark und einem jährlichen Einkommen von 660.000 Goldmark zu den reichsten Männern Sachsens. Trotzdem lebte das Ehepaar auf Möckern verhältnismäßig bescheiden und sparsam. Nach der Enteignung 1945 starb Elsa Gräfin von Schimmelmann hoch betagt und völlig verarmt 1950 in Leipzig. Möckern ist heute ein Stadtteil von Leipzig. Das Schloss wurde nach 1945 als Kindergarten genutzt. Bis 2015 wurde es von einem Investor saniert und um einen Neubau erweitert.
Der dritte Sohn, Arnd Carl Julius Joseph von Schimmelmann, wurde nicht mehr auf Promnitz geboren. Er kam am 22. Mai 1867 in Tangstedt, das am nördlichen Stadtrand von Hamburg liegt, zur Welt und starb am 10. Juli 1930 in Berlin-Lankwitz. Die Grafen von Schimmelmann verwalteten Promnitz bis 1873 und blieben somit insgesamt nur 13 Jahre auf diesem Rittergut.

Der Saal von Schloss Promnitz mit zeittypischer Einrichtung, um 1900.

Die Familie Rudolph
(1873–1945)

Am 15. Januar 1873 erwarb Friedrich Anton Rudolph das Rittergut Promnitz. Er war Kaufmann und 1854 Mitbegründer des Bankhauses Günther und Rudolph in Dresden. Das Rittergut blieb bis zur Enteignung 1945 im Besitz seiner Familie. Friedrich Anton Rudolph wurde am 10. April 1826 in Annaberg geboren und starb am 20. April 1887 in Dresden. Er heiratete Johanna Sophia Hohl, die am 23. April 1837 in Annaberg geboren wurde und am 12. April 1899 in Dresden starb. Ihre drei Kinder waren Carl Anton Rudolph, der sich später mit Clara Grund vermählte, die Tochter Helene Charlotte Rudolph, die den Senatspräsidenten Dr. jur. Hermann Gensel heiratete, und der Sohn Ernst Anton Rudolph, der in Dresden am 8. Juni 1862 zur Welt kam und auf Promnitz am 17. Dezember 1935 starb. Ernst Anton wurde Kaufmann, Numismatiker und Rittergutsbesitzer auf Promnitz. Am 9. Juli 1890 heiratete er die aus einer Hugenottenfamilie stammende Elise Thekla Palmié. Sie wurde am 27. Oktober 1870 in Annaberg geboren und starb auf Promnitz am 26. September 1899. Als junge Mutter musste sie ihre drei kleinen Söhne zurück lassen. In die Familienbibel schrieb ihr Vater Henri Palmié: *„Sie war ein Engel.“* Ihr zu Ehren stifteten ihre Eltern der Kirche zu Röderau einen Altar und eine Orgel. In der Röderauer Kirche kann man lesen:

Elise Thekla Rudolph, die jung auf Promnitz verstarb.

„Zur Ehre Gottes und zum Gedächtnis an ihre am 26. September 1899 heimgegangene Tochter Frau Thekla Rudolph geb. Palmié auf Promnitz stifteten diese Orgel anno 1903 Henri Palmié und seine Frau Elise zu Dresden.“

Ernst Anton Rudolph heiratete nochmals am 10. August 1901. Seine zweite Frau, Nora Bühring, wurde am 16. Januar 1880 in Berlin geboren und starb am 6. Juli 1946 in Merane. Eine gemeinsame kleine Tochter Thekla wurde am 11. August 1902 geboren. Die auf Promnitz geborenen drei Söhne, die dort so früh ihre Mut-

Die drei Söhne von Elise Thekla und Ernst Anton Rudolph, um 1900.

Christine und Renate Rudolph an der Veranda vor der vermutlich von Balthasar Permoser erschaffenen Sandsteinfigur des Bacchus, 1926.

ter verloren haben, waren Carl Anton Henri, am 23. Mai 1891 geboren, Rechtsanwalt und Notar in Riesa und am 4. August 1949 in Riesa gestorben, Dr. Günther Anton, geboren am 14. Oktober 1895, Kunsthistoriker in Florenz und am Zwinger in Dresden und starb am 9. Januar 1930 in Berlin, und Friedrich Anton, studierter Landwirt. Er wurde am 25. Dezember 1892 als zweiter Sohn geboren und heiratete am 30. Juni 1920 Hildegard Wanda Donath, die in Wendischbora am 12. März 1900 zur Welt gekommen war. Für das junge Paar baute man das Inspektorhaus gegenüber dem Schloss, wo ihre drei Töchter geboren wurden.
Im Saal von Schloss Promnitz hing ein Bild von Johanna Sophia Rudolph. Davor standen ein Sofa und der kleine, vergoldete Tauftisch. Die drei Schwestern waren Renate Thekla Hildegard, geboren am 6. März 1922 und gestorben 13. Juni 2007, die als älteste Tochter nach ihrer Großmutter benannt wurde, Christine Charlotte, die am 21. Dezember 1924 geboren wurde, und Gisela Antonie, die am 11. November 1935 als jüngste Tochter auf die Welt kam.
In einer Vorstandssitzung des Kirchenrates Röderau am 14. April 1920 wurde die Genehmigung erteilt, dass die Familie von Ernst Anton Rudolph ein Erbbegräbnis überlassen wird – angrenzend an die der Familiengrabstätte Starke und Schimmelmann.

Kaffee mit Besuch auf der Veranda von Schloss Promnitz, um 1900.

Gemälde von Johanna Sophia Rudolph (geb. Hohl) in der Saalecke von Schloss Promnitz mit dem Tauftischchen davor und der Einrichtung der Großeltern, 1901.

Erinnerungen von Gisela Wolf (geb. Rudolph)

Getauft wurden wir Mädchen bei den Großeltern im Saal des Schlosses wie schon mein Vater und seine Geschwister. Dafür wurde immer ein vergoldeter kleiner Tauftisch benützt. Zu den Taufen kam der Pfarrer aus Zeithain oder Röderau extra ins Haus. Als der Großvater 1935 im Schloss gestorben war, ist unser Vater Friedrich Anton mit seiner jungen Familie dort eingezogen. Noch im gleichen Jahr hat er mit einer umfangreichen Renovierung begonnen. Bisher hatte man im Schloss die verschiedenen Räume nur mit Öfen heizen können, nun wurde eine neue Heizungsanlage angeschafft. Der Koksheizkessel, der neben dem Herd in der Küche stand, versorgte auch den Heißwasserboiler. Damals gehörten 159 Hektar Land zu dem Gut. Den Betrieb hatte unser Vater zu einem Mustergut ausgebaut. Nach dem Umzug in das Schloss wurde die Jugendstilvilla, das Inspektorhaus, in dem wir bisher gewohnt hatten, vermietet. Es zog eine Familie mit sechs Kindern ein, mit denen wir ein Leben lang befreundet waren. Der Vater fiel Anfang des Krieges. Ich hatte eine herrliche Kindheit im geliebten Promnitz, geborgen in einer großen Familie, mit vielen Freunden und Tieren und der wunderschönen Natur ringsum. Dankbar denken wir an alles

Die alte Linde im Schlosshof mit einer Steinbank, um 1930.

Gedeckte Tafel für eine Familienfeier der Rudolphs im Saal auf Schloss Promnitz, 1938.

zurück. Das furchtbare Kriegsende 1945 bedeutete ja fast für alle Menschen einen neuen, meist schweren Anfang. Ich bewunderte meine Eltern und Schwestern, wie sie stark und klaglos ihr weiteres Leben meisterten.
Seit Schloss Promnitz erbaut wurde, gab es jährlich Hochwasser, deshalb die hohe Schlossmauer, der Damm und nur zwei Keller im ganzen Rittergut. Der kleinere Schlosskeller mit der großen Säule in der Mitte für Vorräte und der große unter der Scheune waren dann prall mit Wasser gefüllt. Alle bewohnten Räume aber lagen höher und nahmen nie Schaden. Für uns Kinder war es schon gruselig, wenn wir oben am Geländer über der Schlossmauer standen und sehen konnten, wie das Elbhochwasser höher und höher stieg. Obwohl die Schleuse unterhalb der Schlossmauer fest verschlossen war, drückte das Hochwasser bis in den Hof. Auf den gelegten Stegen hopsten und wippten wir Kinder, dass das Wasser spritzte. Erreichte das Hochwasser die Ställe, wurde das Geflügel und alles Vieh über eine dick mit Stroh belegte Sandsteintreppe in die erste Etage über den Gewölbestall getrieben. Doch zu einer Katastrophe kam es nie, das Wasser verschwand nach und nach wieder durch die Schleusen oder versickerte bald. So überstanden das etwas höher gelegene Schloss und seine Nebengebäude die Fluten jedes Mal ohne größere Schäden.

Historische Aufnahme mit Pferdegespann, um 1910.

Schloss Promnitz in Kriegszeiten

von Christian Kreß und Marianne von Wolffersdorff

Sachsen war im Laufe der Jahrhunderte in viele kriegerische Auseinandersetzungen verwickelt, sodass das Land unter Besetzungen, Plünderungen und Zerstörung zu leiden hatte. Auch in Promnitz hinterließen die Kriege ihre Spuren, doch das Schloss blieb bis heute erhalten. In einer Zeit, in der technisch alles ermöglicht werden kann, fehlen momentan nur die finanziellen Mittel um ein derartiges Kulturgut zu erhalten, das allen Kriegen getrotzt hat. Deshalb sollen hier alle wichtigen Kriegsgeschehnisse, die Promnitz unmittelbar betrafen, kurz dargestellt werden.

928/29

Zur Aufrechterhaltung seiner gerade erreichten Macht im Slawenlande und zur Unterdrückung eventueller Aufstände, legte Kaiser Heinrich I. Burgen an der Elbe an, um die sich Burgwarde (Herrschaftsbezirke) herausbildeten. Zu den Burgwarden zählten auch Merschwitz, Boritz, Nünchritz, Promnitz, Gröba, Bobersen, Strehla und Röderau. Die Gründungszeit des Burgwardes Promnitz ist umstritten, doch es ist denkbar, dass Promnitz bereits im Mittelalter als Wasserburg für die Verteidigung dieses Gebietes einbezogen wurde. Ein bestimmtes Jahr der Anlage lässt sich nicht feststellen. Ein erstes gesichertes Datum ist vielleicht das Jahr 1002.

1002

Boleslaw I. von Polen (967–1025), genannt der Tapfere, aus der Herrscherfamilie der Piasten, überzog die Gegend nach dem Tode Kaisers Otto III. (980–1002) mit Krieg, da er sich mit dem Nachfolger Heinrich II. (978–1024) nicht über die Einflussgebiete einigen konnte. Boleslaw I. brannte die Burg Strehla nieder.

1300

Die Burgen aus denen allmählich befestigte Steinburgen geworden sind, wurden verdienten Adligen zu Lehen gegeben. Um 1350 brach das erste Mal die Pest in ganz Europa aus, die ein Drittel der Bevölkerung das Leben kosten sollte.

1429

Die ersten Hussiteneinfälle begannen 1425. Die Hussiten kamen, nachdem sie zwei sächsische Ritterheere vernichtet hatten, elbabwärts gezogen. Sie überzogen das Meißner Land mit Feuer und Schwert, die Fluren wurden mit Menschenblut getränkt. Nachdem das Geschlecht von Promnitz um 1430 ihren Stammsitz an der Elbe verlassen hatte, belehnte Markgraf Friedrich IV. Caspar von Köckeritz mit Strauch und Ober- und Niederpromnitz. Dieser übergab das Vorwerk Promnitz seiner Frau Anna, die am 3. Januar 1432 damit belehnt wurde. Mitglieder der Familie Köckeritz waren in dieser Gegend fast in jedem Dorf die Herren. Promnitz blieb etwa zweihundert Jahre in ihrem Besitz.

1446

Der Bruderkrieg zwischen Herzog Wilhelm III. dem Tapferem und Kurfürst Friedrich II. dem Sanftmütigen entbrannte um wettinische Herrschaftsgebiete und endete mit dem Naumburger Frieden 1451. Die Pest grassierte erneut in dieser Zeit in den Dörfern, auch in Promnitz. Doch einige Bewohner von Promnitz überlebten mit hohen Verlusten. Andere Dörfer waren fast menschenleer. Doch wo sind die Promnitzer Pesttoten verscharrt worden?

1547

In diesem Jahr tobte die Schlacht bei Mühlberg zwischen dem katholischen Kaiser Karl V. und dem Schmalkaldischen Bund. Das Rittergut Promnitz hatte für Herzog Moritz von Sachsen drei Reiter stellen müssen. Die Reformation hatte sich in Sachsen ausgebreitet und Kurfürst Johann Friedrich der Großmütige (1532–1553) bekannte sich zum lutherischen Glauben. Er verlor die Schlacht bei Mühlberg, wurde gefangen genommen und erst 1552 begnadigt. Inzwischen wurde Herzog Moritz Kurfürst, doch er fiel bereits 1553 in der Schlacht bei Sievershausen. Promnitz, das in dieser Zeit der Familie von Köckeritz gehörte, war wohl nicht unmittelbar vom Kriegsgeschehen im nahen Mühlberg betroffen.

1618

Auch im Dreißigjährigen Krieg passierte etwas Eigenartiges. Die Schweden kamen zweimal durch Promnitz und wo diese entlangkamen, war nur noch Asche übrig. Beide Male ließen sie aber das Schloss außer Acht und brannten nur das

Vorwerk nieder, während Fichtenberg gebrandschatzt und fast völlig zerstört worden war. Die Truppen gingen ganz in der Nähe über die Elbe unter den schwedischen Generälen Johan Banér (1596–1641) 1632 in Strehla und unter Lennart Torstensson (1603–1651) 1637 in Moritz, aber Promnitz blieb verschont. Warum? Hing es vielleicht mit dem in schwedischen Diensten stehenden General und Festungskommandanten von Coburg, Georg Christoph von Taupadel, zusammen, dessen Familie auf Fichtenberg und Promnitz einmal gesessen hatte? Fichtenberg konnte wohl nicht geschützt werden.

1756

Dann kam der Siebenjährige Krieg (1756–1763), und wieder zogen Armeen an Promnitz vorbei in Richtung Strehla. Die Reichsarmee zog 1760 hinter Strehla in die Schlacht am Dürrnberg gegen die preußische Armee, die Sachsen besetzt hatte. Friedrich Prinz von Pfalz-Zweibrücken-Birkenfeld (1724–1767) hatte sein Hauptquartier in Riesa, der Generalmajor Christian Carl Prinz zu Stolberg-Gedern (1625–1764) in Zöschau. Die Gefahr einer Plünderung war groß, aber Promnitz blieb verschont.

1806

In diesem Jahr begann der Kriegszug Napoleons gegen die Preußen, den sie mit der Schlacht bei Jena und Auerstedt verloren hatten. Zu Zeiten der Befreiungskriege 1813 kamen die Franzosen, Preußen und russische Kosaken durch Sachsen und plünderten Röderau und auch zum Teil Promnitz. Aber das Schloss wurde nicht angezündet.

1870-1871

In dieser Zeit gipfelte eine militärische Auseinandersetzung zwischen Frankreich und dem Norddeutschen Bund im Deutsch-Französischen Krieg. Durch diesen und alle folgenden Kriege (Erster und Zweiter Weltkrieg) verloren die Dörfer immer mehr junge Menschen. So kamen als Ersatz Fremdarbeiter nach Promnitz, vor allem Polen. Durch den Beginn der Eisenherstellung gingen viele Männer aus Promnitz in das Eisenwerk nach Riesa arbeiten. Da diese Arbeitskräfte auf dem Gut fehlten, sind wieder junge Männer aus Polen geholt worden. Für sie wurde extra ein Haus, das sogenannte „Polenhaus“, errichtet.

1914-1918

Der Erste Weltkrieg brach aus. Der auslösende Faktor im konfliktgeladenen Krisenherd Balkan war das Attentat von Sarajevo, als das österreichische Thronfolgerpaar dort von einem Rebellen erschossen wurde. Deutschland und seine Verbündeten hatten den Krieg verloren, der Kaiser musste abdanken und der Adel verlor seine letzten Privilegien. In Promnitz lebte die bürgerliche Familie Rudolph, die nicht unmittelbar vom Krieg betroffen war.

1939-1945

Nach dem Ende des Zweiten Weltkrieges, der furchtbare Verheerungen in Europa und auch in Deutschland anrichtete, gründete sich die Deutsche Demokratische Republik. Sofort eingeleitete Enteignungen großer Besitzungen im Rahmen der Bodenreform erfolgten. Auch Schlösser und Rittergüter mussten entschädigungslos von ihren Besitzern verlassen werden und Kunstwerke und Interieur wurden beschlagnahmt und abtransportiert. Das große Gemälde von Johanna Sophia Rudolph aus dem Saal gilt bis heute als verschollen. Viele Herrenhäuser wurden gesprengt, wie das nahe Grödel, Lampertswalde und Tiefenau. Aber Promnitz blieb Gott sei Dank stehen.
Warum? Wohnraum wurde dringend gebraucht, zum Glück! Nachdem die russischen Soldaten abzogen, kamen 1946 Flüchtlingsfamilien in das Schloss, später LPG-Arbeiter mit ihren Familien.

Schloss Promnitz mit zugefrorener Elbe, Winter 1940.

Vor den Drescherhäusern, um 1930.

An der Elbe vor Schloss Promnitz, um 1930.

Alte Flurkarte mit der Elbe und einigen Orten,
die aus ehemaligen Burgwarden entstanden sind, Karte um 1920.

Burgwarde an der Elbe

Im Zuge der Christianisierung wurden an der Elbe mehrere Burgwarde errichtet. Unter einem Burgward verstand man eine kleine Burg, die über das umliegende Land wachte und zu deren Verwaltungsbezirk bis zu 20 Dörfer oder Siedlungen gehörten. Die Burgwarde waren einfache Verteidigungsanlagen, die bevorzugt auf einer Erhöhung lagen und aus Holz konstruiert wurden. Meist befand sich ein hölzerner Wachturm innerhalb der umzäunten Anlage. Diese einfachen Vorformen der Slawenburgen und mittelalterlichen Burgen dienten den Siedlern im Falle eines Angriffs als Rückzugsort. Zu einem Burgward gehörten überwiegend Slawen, die mit Abgaben und Arbeitsverpflichtungen zum Burgenbau und zu Wachdiensten verpflichtet wurden.

An der strategisch wichtigen Elbe standen viele Burgwarde. Am 27. Februar 983 übereignete Otto II. (955–983) dem Stift Meißen das Dorf „Setleboresdorf" – den Burgward Boritz, der in unmittelbarer Nähe zu Promnitz liegt. Am 8. Juli 1046 schenkte Kaiser Heinrich III. seiner Gemahlin Agnes verschiedene Burgwarde an der Elbe – darunter den Burgward „grobi" (Gröba). Höchstwahrscheinlich gehörte auch Promnitz dazu, doch es wurde nicht explizit erwähnt.

Von Bedeutung war während der sogenannten Polenkriege von 1003 bis 1009 der stark umkämpfte Burgward Strehla, da sich dort in unmittelbarer Nähe eine Furt durch die Elbe befand. 1015 machte Kaiser Heinrich II. (973–1024) auf dem Weg nach Merseburg dort Station. 1384 gelangte Strehla als Lehen in den Besitz der Familie Pflugk, die bis 1945 auf Burg und Schloss Strehla saß.

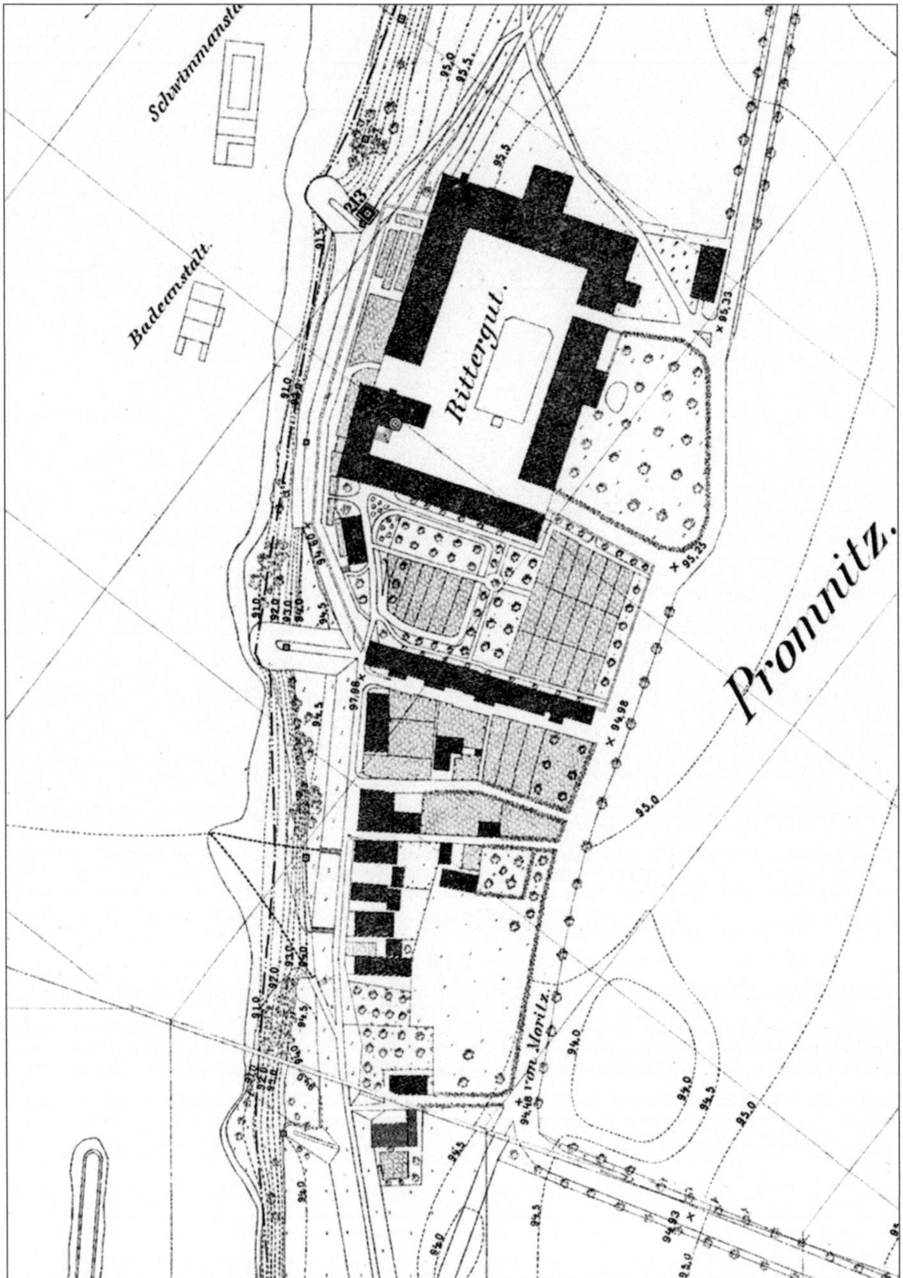

Flächenplan von Promnitz 1878.

Zeittafel zur Geschichte von Schloss Promnitz

~1000	Ein Burgward mit einer kleinen slawischen Fischersiedlung entsteht.
1185	Promnitz wird Rittersitz des Adelsgeschlechts von Promnitz.
1197	Ersterwähnung der Fähre des Klosters Riesa nach Promnitz.
1430	Dieser Zweig der Familie verlässt seinen Stammsitz.
1432	Belehnung der Familie von Köckeritz mit Promnitz
1594	Promnitz ist im Besitz von den Familien von Köckeritz und von Taupadel.
1603	Der rechte Schlossflügel wird durch Rudolph von Köckeritz und seiner Ehefrau Agnes von Schönberg erbaut. Wenig später wird der linke Schlossflügel wahrscheinlich durch Balthasar von Taupadel erbaut.
1626	Die Taupadel verlassen den Rittersitz, und Großpromnitz und Kleinpromnitz werden durch die Familie Köckeritz vereint.
1699	Mit Adam von Köckeritz stirbt der letzte Köckeritz auf Promnitz, und seine einzige Tochter und Erbin Maria Magdalena heiratet Hans Heinrich von Lüttichau-Zschorna.
1706	Deren einzige Tochter und Erbin Magdalena Florentina von Lüttichau-Zschorna heiratet Friedrich Albrecht von Wolffersdorff.
1728	Friedrich Albrecht von Wolffersdorff errichtet den Mitteltrakt im Stile des Barocks, der die beiden Renaissanceflügel verbindet.
1730	Promnitz steht als Aussichtspunkt im Zentrum des Zeithainer Lagers. August der Starke weilt mit hohem Besuch auf Schloss Promnitz. Kronprinz Friedrich von Preußen schmiedet Fluchtpläne auf Schloss Promnitz.
1730	Friedrich Albrecht von Wolffersdorff stirbt. Von seinen sieben Kindern kauft die Tochter Wilhelmine Eleonore aus der Erbmasse das Rittergut und heiratet Carl Gottlieb von Thielau. Sie stirbt hier 1784.
1832	Carl Wilhelm von Thielau stirbt auf Promnitz ohne männliche Erben. Promnitz wird von drei neuen Besitzern gekauft: den Brüder Heinrich und Karl Rittner, Julius Maximilian Starke und Heinrich Alexander Schönberg.
1860	Julius Maximilian Starke ist der alleinige Besitzer. Die mittlere seiner drei Töchter, Elise Eleonore, heiratet auf Promnitz Christian Gustav Graf von Schimmelmann.
1873	Der Dresdner Bankier Friedrich Anton Rudolph kauft die gesamte Rittergutsanlage. Er ist mit Johanna Sophia Hohl verheiratet.
1887	Sein Sohn Ernst Anton Rudolph heiratet Elise Thekla Palmie und stirbt 1935. Seine zweite Frau ist Nora Bühring.
1935	Von den drei Söhnen erbt der studierte Landwirt Friedrich Anton Rudolph den Besitz. Seine Frau wird Hildegard Wanda Donath.
1945	Nach dem Zweiten Weltkrieg wird die Familie Rudolph enteignet und vom Rittergut vertrieben.

Literaturverzeichnis

Blaschke, Karl-Heinz/Baudisch, Susanne: Historisches Ortsverzeichnis von Sachsen. Neuausgabe, 2 Bände, Leipzig 2006.

Donath, Matthias (Hrsg.): Die Grabmonumente im Dom zu Meissen, Leipzig 2004.

Donath, Matthias: Schwarz und Gold. Die Familie von Watzdorf in Thüringen, Sachsen und Schlesien, Meißen 2016.

Donath, Matthias: Schlösser zwischen Elbe und Elster, Meißen 2007.

Eichler, Ernst/Walther, Hans: Historisches Ortsnamenbuch von Sachsen, Band I, A bis L, Berlin 2001.

Graesse, Johann G. H. T.: Deutsche Adelsgeschichte, 1876.

Gröger, Helmuth: Burgen und Schlösser in Sachsen, Dresden 1940.

Gurlitt, Cornelius: Bau- und Kunstdenkmäler des Königreiches Sachsen, Dresden, 1913.

Hammer, Wilfried: 4000 Jahre Besiedlung zwischen Döllmitz, Elbe und Jahna, 2014.

Houwald, Götz von: Die Niederlausitzer Rittergüter und ihre Besitzer, Band 1-5, Insingen, 1988.

Mühlmann, Felix: Beiträge zur Geschichte des Klosters und der Stadt Riesa, Riesa 1881.

Philippi, Hans: Die Wettiner in Sachsen und Thüringen. Aus dem deutschen Adelsarchiv, Band 9, Limburg 1989.

Sachsen, Albert Prinz von: Die Albertinischen Wettiner. Geschichte des sächsischen Königshauses 1763-1932, Gräfelfing, 1995.

Schmick, Karl-Heinz (Hrsg. u.a.): Gestalten um Friedrich den Großen. Biographische Skizzen, Band 1, Reutlingen, 1991.

Sobotka, Bruno (u. a.): Burgen, Schlösser und Gutshäuser in Sachsen, Stuttgart 1996.

von Wolffersdorff, G. Wolf: Wolffersdorff. Familienchronik 933–1965, Zwiesel 1968.

von Wolffersdorff, Marianne: Vuoluoltesdorf. Zehn Jahrhunderte Wolffersdorffer Geschichte, Bad Pymont 2014.

Zwoch, Gerhard: Das Zeithainer Lustlager 1730. Zum Jubiläum des Campements der Armee Augusts des Starken zwischen Mühlberg und Großenhain, Thiendorf 2005.

Der imposante Gewölbestall in einem Nebengebäude von Schloss Promnitz.
Hier finden Konzerte, Feste und der jährliche Adventsmarkt statt. Außerdem wird hier die Versorgung von Radlern und Wanderern des Elberadweges gewährleistet, Zustand 2015.

Bildnachweis

Familie von Wolffersdorff, Privatbesitz: Seite 13, 14, 15, 16, 32, 36, 41, 43, 44, 46, 47, 56, 57, 60, 66, 67, 70, 77, 78, 82, 84, 89.
Dr. Romy Donath, Niederjahna: Seite 6, 9, 12, 19, 21, 22, 38, 39, 48, 58, 90.
SLUB Dresden, Abt. Deutsche Fotothek: Umschlag- & Titelbild, Seite 2, 10, 29, 50.
Wikimedia: Seite 18, 28 (Sailko), 34, 49, 51, 52, 55, 85.
Gisela Wolf (geb. Rudolph): Seite 71-77, 83.
Franns-Wilfrid von Promnitz: Seite 10, 24, 25.
Alexandra Grujic: Seite 68.
Stadtmuseum Riesa: Seite 17.
Christian Kreß: Seite 66.
Gemeinde Zeithain: Seite 86.
Ralf Hänsel: Seite 7.
Gerti Töpfer: Seite 8.

Danksagung

Für diese kleine Chronik von Schloss Promnitz wurden neben Büchern, Zeitungsartikeln und alten schriftlichen Berichten auch viele persönliche Gesprächen herangezogen. Mit Christian und Helga Kreß (Röderau) gibt es seit 2005 eine enge Verbindung nach Promnitz. Christian Kreß überließ mir seine gesammelten Daten und Dokumentationen über das Rittergut, die in diesem Buch eingearbeitet wurden und für die ich mich sehr bedanken möchte.

Besondere Freude bereiteten mir die mündlichen und schriftlichen Überlieferungen mit Fotos von Frau Gisela Wolf (geb. Rudolph), deren Eltern bis zur Enteignung 1945 die letzten Besitzer von Promnitz waren. Auch ihr sei hier gedankt.

Großen Dank möchte ich auch meiner Verlegerin Dr. Romy Donath aussprechen, die bis kurz vor Erscheinen des Buches mit unendlicher Geduld noch Textveränderungen und Bilderwünsche entgegennahm und somit wesentlich zum Gelingen der Promnitzer Chronik beitrug.

Marianne von Wolffersdorff
Promnitz, Mai 2017